北京大学心理学教材

心理实验研究基础

朱滢 主编

图书在版编目(CIP)数据

心理实验研究基础/朱滢主编. —北京:北京大学出版社,2006.10
(北京大学心理学教材)
ISBN 978-7-301-10642-6

Ⅰ.心… Ⅱ.朱… Ⅲ.实验心理学-研究生-教材 Ⅳ.B84

中国版本图书馆 CIP 数据核字(2006)第 113615 号

书　　名：	心理实验研究基础
著作责任者：	朱　滢　主编
责 任 编 辑：	陈小红
标 准 书 号：	ISBN 978-7-301-10642-6/C·0406
出 版 发 行：	北京大学出版社
地　　址：	北京市海淀区成府路 205 号　100871
网　　址：	http://www.pup.cn　电子邮箱:zpup@pup.pku.edu.cn
电　　话：	邮购部 62752015　发行部 62750672　编辑部 62752038
	出版部 62754962
印 刷 者：	北京大学印刷厂
经 销 者：	新华书店
	787 毫米×960 毫米　16 开本　11.75 印张　237 千字
	2006 年 10 月第 1 版　2007 年 11 月第 2 次印刷
定　　价：	20.00 元

未经许可,不得以任何方式复制或抄袭本书之部分或全部内容。
版权所有,侵权必究
举报电话:010-62752024　电子邮箱:fd@pup.pku.edu.cn

本书献给我的哥哥朱荣和嫂嫂潘静致
——他们指引我走进研究生的队伍

作 者 序

  1989年至今我为北京大学心理学系的研究生讲授实验方法课,这本书就是在讲课的基础上编写的。任何一项心理实验都必须明确地或内隐地面对一系列的问题。这些问题包括:概念的定义、实验类型、实验研究中的样本、测量、实验设计与统计,等等。本书在占有各心理学领域丰富的文献基础上,分析这些问题并给出一些可能的解决办法。

  传统的显著性检验方法长期以来受到严厉批评,本书对此给予足够的重视,设有一章讨论显著性检验,并在另一章介绍元分析的方法,因为元分析方法被看成是克服显著性检验基本缺陷的有效途径,在元分析一章中还介绍了元分析的最新进展,即脑成像研究中的元分析方法。实验研究越来越多地应用于临床、商业等领域,但由于在这些领域不能对相关因素作精细地控制,因而不能袭用实验室的设计方法,本书有一章介绍准实验设计来解决此类问题。实验中的因果关系是实验设计的基础,减小实验误差是实验设计的目的,本书有两章分别讨论因果关系和实验误差。目前心理学实验研究中大量地使用计算机,不仅仅用它来处理数据(特别是脑成像结果的海量数据),而且用于控制实验、对所研究的问题提供模型,等等,本书有一章讨论计算机在心理学研究中的应用。

  20世纪80年代以来,心理学与脑科学的结合导致了心理学发展的新阶段即认知神经科学,脑成像技术是认知神经科学强有力的工具,本书对fMRI作了专门的介绍,包括基本原理,fMRI实验(实验设计、数据获取,数据分析)以及在注意、情绪、记忆、社会认知神经科学等领域fMRI的研究实例。

  本书较多地引用了Plutchik(1983)的论述[1],我认为Plutchik的书是讨论心理实验的经典著作,许多论述和思想至今仍有启发意义。该书是已故教授陈舒永先生为研究生课程指定的基本教材,我一直在教学中使用。

  我邀请了范津(Jin Fan)博士编写"功能磁共振成像"一章,他现在纽约Mount Sinai School of Medicine任教;王洪斌(Hongbin Wang)博士编写"计算机与心理学研究"一章,他现在The University of Texas任教;郭春彦、张力博士编写"元分析"一章,他们现在首都师范大学任教;卓彦研究员与傅小兰研究员长期以来为研究生的课程作专题

---

[1] Plutchik R (1983). Foundations of Experimental Research. New York: Harper & Row

报告,但因为工作繁忙未参与本书编写。我对他们的无私帮助深表感激。

北京大学出版社的编辑陈小红为本书的出版付出了辛勤的劳动,王阿尼等人耐心地打印全书文稿,张力和隋洁帮助整理文稿,我的妻子汪慧丽为我长期的工作和写作创造了一个优良的环境,我向他们表示衷心的感谢。

朱 滢

于北京大学燕北园

2006 年 3 月

写给读者

本书的写作目的不是对各领域的研究加以总结,而是讨论怎样才能做好心理实验研究。在此我向读者推荐 Plutchik(1983)指出的正确学习途径:"It seems to me that a student can develop an appreciation for research only by going to original experimental reports published in contemporary journals."请注意"only"这个词!也请注意"original experimental reports"几个词,最优先阅读的是原始的实验报告,然后才是一般理论文章或综述。

除了要阅读各专业方向的杂志之外,有意于从事心理学研究的读者应该优先阅读下列杂志,因为刊登在这些杂志上的心理学文章水平最高。这些杂志是:Science, Nature, Trends in Cognitive Science(几乎没有实验报告), Proceedings of the National Academy of Science USA, Psychological Science, Current Directions in Psychological Science, American Psychologist(几乎没有实验报告)。

目 录

第1章 引论 …………………………………………………… (1)
　一、实验金字塔 …………………………………………… (1)
　二、实验中的各种决策过程 ……………………………… (4)
　三、记忆实验的四面体模型 ……………………………… (6)

第2章 概念的定义 …………………………………………… (10)
　一、为什么需要新的概念 ………………………………… (10)
　二、心理学家是如何定义概念的 ………………………… (12)
　三、概念的定义与科学研究的关系 ……………………… (18)
　四、面对科学难题,我们需要新的科学概念 …………… (19)

第3章 实验类型 ……………………………………………… (22)
　一、二价实验 ……………………………………………… (22)
　二、多价实验 ……………………………………………… (24)
　三、参数实验 ……………………………………………… (25)
　四、从二价实验到参数实验 ……………………………… (27)
　五、双重分离实验 ………………………………………… (28)

第4章 实验研究中的取样 …………………………………… (33)
　一、全体与样本 …………………………………………… (33)
　二、被试样本 ……………………………………………… (34)
　三、物种样本 ……………………………………………… (38)
　四、刺激样本 ……………………………………………… (39)
　五、实验条件样本 ………………………………………… (41)
　六、测量样本 ……………………………………………… (42)

七、不同样本之间的差别 ……………………………………………… (43)

第 5 章　统计显著性检验 ……………………………………………… (46)
一、统计显著性检验的逻辑 ……………………………………………… (46)
二、零假设的逻辑 ………………………………………………………… (47)
三、实验效果大小的测量 ………………………………………………… (49)
四、显著性检验的基本缺陷 ……………………………………………… (52)
五、评价实验研究的基本原则 …………………………………………… (55)
六、增强统计检验能力的一些方法 ……………………………………… (55)

第 6 章　元分析方法 …………………………………………………… (59)
一、元分析方法简介 ……………………………………………………… (59)
二、元分析方法的应用 …………………………………………………… (67)
三、元分析方法与传统统计方法的比较 ………………………………… (73)
四、元分析方法的展望 …………………………………………………… (83)

第 7 章　实验中因果关系的概念 ……………………………………… (86)
一、因果关系的一般概念 ………………………………………………… (86)
二、米勒确立因果关系的方法 …………………………………………… (88)
三、脑成像研究中的推断方法 …………………………………………… (91)

第 8 章　误差的来源与控制的性质 …………………………………… (92)
一、误差的各种原因或来源 ……………………………………………… (93)
二、误差是一把尺子 ……………………………………………………… (96)
三、实验研究中控制的概念 ……………………………………………… (99)
四、单个实验研究的局限性 ……………………………………………… (99)
附录　黄禹锡事件给亚洲的科学教训 ………………………………… (100)

第 9 章　实验设计方法 ………………………………………………… (102)
一、随机组设计 …………………………………………………………… (102)
二、组内设计 ……………………………………………………………… (104)
三、随机区组设计 ………………………………………………………… (107)
四、拉丁方设计 …………………………………………………………… (108)

五、被试样本的大小问题……………………………………(109)
　　六、使用一个被试的实验有意义吗…………………………(110)
　　附录　过分信赖权威及其对实验设计的影响………………(112)

第 10 章　准实验设计……………………………………(119)
　　一、准实验设计………………………………………………(119)
　　二、效度问题…………………………………………………(124)

第 11 章　测量的性质……………………………………(128)
　　一、测量的一般概念…………………………………………(128)
　　二、心理学中的测量…………………………………………(129)
　　三、经典物理学与心理学在测量上的比较…………………(130)

第 12 章　计算机与心理学研究…………………………(135)
　　一、计算机作为心理学研究的工具…………………………(136)
　　二、计算机作为心理学研究的理论和方法论………………(144)

第 13 章　功能磁共振成像………………………………(160)
　　一、功能磁共振成像的基本原理及特性……………………(160)
　　二、功能磁共振成像的应用…………………………………(170)

1 引 论

着手进行一项心理实验研究,它的全过程到底是怎样的?包括哪些内容?有哪些基本问题需要研究者思考并给予适当解决?下面我们从实验金字塔、实验中的各种决策过程以及记忆实验的四面体模型等三个不同的方面,对上述问题进行讨论。

一、实验金字塔

Anderson(2001)用一个实验金字塔(见图 1.1)来表示,当我们进行一项实验研究时要解决哪些问题才能实现研究的目的。这些问题包括顶层的统计推论和实验设计到底层的概念框架。愈底层的部分愈是基本的;较低层次的效度是较高层次效度的前提。各个层次之间并不截然分离如像图中虚线所暗示的那样,它们彼此连接构成一个有机的整体。

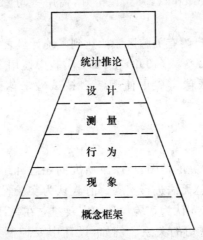

图 1.1 实验金字塔(Anderson,2001)

简单说来,统计推论决定实验结果是否可靠;实验设计将要研究的问题安排好或形式化;测量就是因变量;行为是测量的对象;现象是所测量的东西在心理学上叫什么;概念框架是研究的出发点与归宿;我们为什么要进行一项实验研究,怎样解释获得的结果。下面我们分别简要地介绍这些问题,以便大家形成一项实验研究的总体印象,在后来的各章中我们将详细讨论各个问题。

(一) 统计推论

相对而言,显著性检验(significance test)在实验金字塔的框架内或在科学研究中是一个较不重要的问题。当然,我们需要对实验结果进行显著性检验,以便确定该结果是确实的而不是由机遇产生的。但是,显著性检验的前提是恰当的实验设计。例如,一项研究表明,新疫苗导致 16% 白喉症病人死亡,而原有的药物治疗只有 8% 的死亡率,两者达到显著性差别。表面看来新疫苗确实无效,但仔细分析后发现,死亡率为 16% 的病人多为晚期重症病人,而 8% 死亡率的病人多为轻度症状病人。由此可见,统计作为一个研究工具不可能保证实验结果的科学意义,就像计算机作为一个工具不能保证计算结果的科学价值一样。另外,也不要死板地去应用显著性检验。例如,两项类似的实验发现显著性水平分别在 0.04 与 0.06,它们实际上具有良好的一致性,虽然一项结果达到了显著性水平而另一项没有达到。又例如,一项超感觉知觉(extrasensory perception)实验达到了 0.05 的显著水平,但以往的有关研究从未达到 0.05 的水平,那么该研究结果值得怀疑。

实验研究结果的证实不仅仅通过显著性检验来实现。不同的研究者在各自的实验室或同一研究者在后来的其他场合能重复该结果,更是该结果真实性,即具有良好的信度的证明。Plutchik(1983)说得好,借用一句谚语:"一次重复抵得上一千次 t 检验。"

在脑成像研究中,只要有关脑区激活达到了统计显著性水平,而行为数据由于被试人数较少(如 Craik 等人(1999)在 PET 实验中使用 8 名被试;Zhang Li 等人(2005)在功能磁共振成像实验中使用 7 名被试),未达到显著性水平是可以理解的。

(二) 实验设计

实验设计是实验研究的蓝图,反映了研究问题怎样组织、安排,怎样转化为一个实验程序,没有设计就无法进行实验。有人认为实验设计是统计学的一部分内容(张厚粲,1990),也有人认为实验设计一定要建立在统计学原理的基础上(舒华,1994)。总之,二者有密切的关系。例如,设计中要控制好额外变量(extraneous variable)以防止混淆,一个基本的控制方法就是随机分配,而随机分配是统计学的重要内容;现代心理学实验的研究涉及多个变量,因此实验设计通常包括多个变量,像因素设计,所以,分析多个变量之间的交互作用十分重要,而交互作用是现代统计学的新进展之一。

有了恰当的设计,研究问题的意义还依赖于测量,实验到底测量了什么。

(三) 测量

测量把行为的世界与科学的世界连接起来。换句话说,测量把客体与事件的客观世界转换(transformation)成概念与符号的主观世界。例如,你学习了英文单词"observation",如果用自由回忆的方式测量你的学习,得到的结果是关于你的外显记忆(explicit memory);如果用补笔的方式(word-fragment completion)(例如,把"o_se_vat_on"填成一个有意义的单词)测量,得到的结果是关于内隐记忆(implicit memory)的。通过测量,我们把客观的学习事件转化为记忆这种主观过程。在实验研究中测量是由实验任务、仪器和实验程序决定的。效度与信度是测量中两个最重要的概念。效度(validity)指测量到的结果的确是由设计中的自变量引起的,而信度(reliability)指测量结果的一致性,即能否重复,两者都依赖于实验金字塔中最下面的三层:行为、现象与概念框架。

(四) 行为

选择什么行为作为研究对象是研究者的实验设置决定的,实验设置包括:物种、任务、仪器、实验程序和反应测量,等等。这些选择同时还决定了测量数据的含义。例如巴甫洛夫(Pavlov)对狗的唾液反射作用进行了系统的研究,建立了条件反射学说。唾液分泌的行为易于测量,同时又有普通意义,即代表着或测量着许多心理现象(学习、辨认、神经症、睡眠、神经过程的兴奋与抑制等)。又例如,"最后通牒游戏"(Ultimatum Game)被广泛用于决策过程的研究。

(五) 现象

我们的研究目的通常是某种现象——记忆、颜色知觉、语言、社会态度等。而实际上,我们研究的是某种观察到的行为,我们认为这些行为是对现象的可靠与有效的测量。这就是行为的事实与命名为某种现象之间的差别,涉及对行为在概念上的解释。有时候观察到的行为不一定是我们想要研究的现象,这就是实验研究中的混淆,即自变量与额外变量或无关变量的混淆。

行为与现象的差别还涉及普遍规律的概括问题。艾宾豪斯想要研究人的记忆规律,他使用无意义音节作为学习材料,得到的一些结果有普遍意义,如遗忘曲线,但其他一些结果不具有普遍性,如背诵次数多导致优良记忆。这一结论忽略了学习策略、加工水平对学习的影响,因而是片面的。

(六) 概念框架

概念框架的作用表现在两方面。第一，选择什么问题进行研究。不同的问题大到不同的心理学流派方向上的问题，如行为主义的、认知心理学的、认知神经科学的或社会认知神经科学的，小到具体不同的问题，如记忆的提取、记忆抑制与记忆错觉。例如，认知神经科学兴起之后，人们用心理事件与脑功能的概念取代心理与计算机程序之间的类比，而大脑具有兴奋与抑制过程（计算机并没有抑制过程），因而引起了人们对记忆的抑制过程研究的兴趣(Smith, et al, 2000)。一般记忆研究强调记忆的准确性，但把记忆看做是重构过程的观点，使记忆错觉的现象受到重视，在记忆错觉的研究中人们测量"记住"未呈现过的单字的数量（张力，1998）。

第二，概念框架的不同，导致对实验结果的理论解释不同。实验金字塔的帽子代表着对获得的实验结果的分析与解释，通常就是在实验研究文章中的讨论部分，它涉及金字塔的各个层次。对实验结果的解释本质上是超统计的推论(extrastatistical inference)。例如，面对记忆中的实验性分离现象(experimental dissociation)，Tulving 等人(1990)提出多重记忆系统的思想给予解释，而 Roediger 等人(1989)则提出记忆过程的程序观点加以解释；前者属于认知神经科学，后者属于认知心理学。

每个研究者的概念框架、知识体系都是不同的，也时时在变化发展中，这是一件好事。这意味着不同的研究者将研究不同的现象，甚至研究同一现象的不同方面，并提出不同的观点来进行解释。这使得研究大大地丰富起来，充满活力，最终推动科学进步。

二、实验中的各种决策过程

(一) 什么是心理学实验？

心理学是实验科学，那么，什么是心理学实验呢？Simon(1974)给出了一个定义（或说明）：心理学实验要求额外变量(extraneous variable)保持恒定，而仅仅操纵自变量去影响因变量。并且他还设定一个零假设：因变量的平均值在不同的实验条件下没有差异，如果所获得的实验数据否定零假设，那么，实验者就得到了一个可靠的结论，即一点有用的信息——因变量是明显地受自变量影响的。

迄今为止，心理学知识的积累基本上都是在这个框架内实现的。Simon 的定义叙述了心理学实验的基本特点，即实验中的额外变量要保持恒定以及实验结果的显著性检验。但这个定义过于强调了显著性检验在实验研究中的作用，关于这个问题我们将在第 5 章进行讨论。

(二) 进行心理学实验的四个理由

Plutchik(1983)指出,所有实验研究追求的目的是增进我们对所研究事件的理解以及控制与预测事件的能力,但除此之外,还有一些具体的理由说明我们为什么要进行特定的实验研究。

1. 决定两个或多个变量之间的关系

有一些探索性实验,研究者想要确定在哪些条件下某种事件将会发生。假设要比较甲、乙两种声音刺激的可听度,而且这两种声音刺激又是发生在两种不同噪声背景上(噪声一和噪声二),每种噪声又各有两个强度水平(90 和 120 分贝),这样,声音刺激(甲与乙)、噪声(一与二)、噪声的强度(90 分贝与 120 分贝)这些变量就成了影响可听度的三个变量。系统地收集这类资料是实验的基本功能,它成为心理科学的基础。一个心理学理论得以建立或发展,必须依赖实验所提供的已证实的经验发现。

2. 扩展变量研究的范围

由于任何一项实验都是在特定的即有限的条件下进行的,因此,完成一个实验之后总会提出新的问题来继续探索。例如,自我参照效应(self reference effect)的研究表明,西方被试的自我参照记忆效果远远优于母亲参照(Klein, et al, 1989)。但进一步的研究却得出了不同的结果,中国被试的自我参照记忆效果并不优于母亲参照,而是处于同等水平(Zhu, 2002)。类似研究的积累,使研究者在实验范式上归纳出一个重要的跨文化心理学研究的规则:类似的认知任务由不同文化背景的个体来完成时,其过程是不类似的(Li, 2003)。就上面的例子来说就是,中国人与西方人在完成同一任务(母亲参照)时,他们各自的认知过程是不同的,这导致了不同的记忆效果。

3. 增强所报告的发现的信度

这涉及对已有发现的重复(replication),或者在原有条件下重复,或者在扩展的条件下重复。这一点在任何科学实验中都是必要的。重复是实验的最重要的功能,因为一个人不可能在实验研究之前对所有有关实验的因素都能采取预防措施来避免误差。如果不同的实验者使用不同样本的被试而能确证已有的发现,我们对该发现的信心就会大大增强。心理学不少发现不能重复,因此实验的这一功能值得强调。Gauch(2006)还指出,科学家喜欢用两次重复的平均数代替一次未经重复的结果,因为平均数好像更准确些。但是,实际上这不意味两次重复一定更准确,仅仅由于机遇第一次重复可能很接近真实的结果,而第二次重复就可能远离真实结果,两者平均实际上不如一次未经重复的结果。按照统计学的规律,重复 5 次的平均结果有 73.2% 的把握(confidence of success),这比一次测量的结果更准确。要增加重复成功的比率到 90%,需重复 40 次。Gauch 的意思是,一项实验发现必须经过多次重复才能为科学界所接受。

4. 检验理论

进行实验的第四个理由是检验理论。例如,我国心理学家 Chen Lin(2005)提出了拓扑性质知觉理论,他和他的学生二十多年来进行的实验研究都是围绕拓扑性质知觉理论开展的,这一理论的重要性已开始为西方学者承认。

Plutchik(1983)指出,对各种心理学理论,假设的检验通常得不到清晰明确的结果,因为理论是概念体系,没有决定性的实验可以证明或否定它。这种情况并不奇怪,因为大多数理论的价值在于启发出相关的研究而不是预期新的事实。从这个观点看来,一个理论只能是被另一个更好的理论推翻,而绝不会仅仅是由一些相反的事实所推翻。

(三)实验中的各种决策过程

研究者在计划实验、进行实验、数据处理等包括一系列步骤的一项实验研究中,总会有意识地或内隐地考虑如下的问题并作出相应的决定:概念的选择、样本、实验类型、实验设计、测量、统计与数学方法的使用、结论的抽取与解释,等等。

三、记忆实验的四面体模型

Roediger 和 Meade(2002)认为,Jenkins 的记忆实验的四面体模型(见图 1.2)提供了一种很好的方式来思考人类记忆的实验。

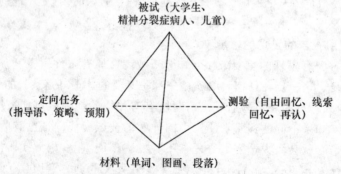

图 1.2 记忆实验的四面体模型(Roediger & Meade, 2002)

首先,记忆研究者进行实验时必须在四个维度上进行选择,无论哪个特定维度是研究者感兴趣的。这四个维度是:(1)被试的类型;(2)实验中使用的材料;

(3) 定向任务(orienting task)(或被试受测查的情景特征);(4) 测量记忆的测验类型。

其次,Jenkins 的四面体模型还说明,任何实验都只创建出某些有限的变量或因素,并且该实验还是在其他的变量或因素保持恒定的情况下进行的,因此每一项实验结果都是镶嵌在保持恒定的其他因素组成的背景之中的。不过研究者常常隐约地假定,他们在特定有限的实验条件下获得的结果将概括化地应用于其他条件。

第三,四面体模型提供了一个有用的方式来考察记忆的主要发现。例如,在记忆的测验类型方面,用内隐记忆测查实验结果与用外显记忆测验的结果十分不同。一些脑损伤病人丧失了大部分记忆新信息的能力,可称其为顺行性遗忘症,此类病人所有的外显记忆测验的成绩都很差。然而,在 20 世纪 60 年代,英国心理学家 E. Warrington 和 L. Weiskrantz 却发现这种病人在内隐记忆测验中表现出了极佳的正常状态,现在这一发现已被重复了很多次。又例如,当语言中其他特征(如词类、长度等)保持恒定时,高频词比低频词更容易被回忆起来,然而,当我们采用再认测量时,又变成低频词比高频词再认得更好! 这就是文献中所述的频率作用的二重性(frequency paradox)。上述两个例子表明,有很多测量记忆的方法揭示了记忆中不同的过程和系统。

上述记忆实验的四面体模型原则上也适用于心理学的其他领域,因此我们可以预期,在任何一项实验中如果研究者能在被试、材料、定向任务和测验这四个维度中的任何一个有所创新,那实验结果肯定会有新意。

在结束本章之前,让我们来看一看图 1.3。这是 Gauch(2005)为科学的方法论所作的图解,他认为科学方法的普遍原理适用于整个科学事业(心理学是其五个具有代表性的学科之一),而专门的技术仅限于特定的学科和分支学科。科学家如果成功地将普遍原理与专门技术结合,就会既加强他们的成果产出率,又拓宽他们的视野。

Gauch(2005)反驳了不存在科学方法的普遍原理的说法。他说:"其实,只要问三五个具体的问题,就足以消除疑惑、廓清正误,我们不禁要问:天文学家肯定要运用演绎逻辑,难道微生物学家根本就不使用演绎逻辑吗? 心理学家经常使用归纳逻辑以及统计方法,从大量数据中抽取出必要的结论,难道地质学家干脆就不用这些方法吗? 在生物学研究中经常运用概率论和计算方法,社会学就一点不使用这些方法吗? 医学研究工作者十分关注简约模型的运用,利用它解释问题,作出判断,难道电气工程师就不需要简约模型吗? 物理学总是预先假定物质世界是客观存在的并且是可以理解的,难道遗传学就会出现例外情况吗?"Gauch 还指出了科学方法普遍原理的核心部分,即图 1.3 中心的重叠部分,它包括假说的形成和检测、演绎逻辑和归纳逻辑、简约性以及科学的预设、科学的有效作用范围和科学的局限性。

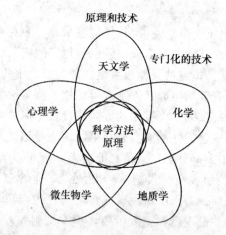

图 1.3 利用 5 个具有代表性的学科图解科学的方法论(Gauch, 2005)
图中显示各个学科有部分的相似,又有部分的不同。相应地,科学方法论具有两个构成的成分。科学方法的普遍原理遍布于整个科学事业,专门的技术仅限于特定的学科和分支学科。

心理学专业的学生在进行实验研究时,本质上就是将科学方法的普遍原理与心理学的专门技术结合的过程,本书各章讨论的问题提供了多种机会来实践这种结合,希望读者在解决具体的实验研究问题的同时或之后,对科学方法的普遍原理也能有所体会。

参 考 文 献

〔美〕Gauch H G (2005). 科学方法实践. 王义豹译. 北京:清华大学出版社,1
Roediger H L & Meade M L (2002). 记忆过程. 见:K Pawlik & M R Rosenzweig 主编,张厚粲主译,国际心理学手册(上册). 上海:华东师范大学出版社,158~184
Smith E E (2002). 把认知神经科学融入认知心理学. 见:R Solso 编,朱滢、陈烜之等译,21世纪的心理科学与脑科学. 北京:北京大学出版社,67~86
张力,朱滢(1998). 关联性记忆错觉的产生和保持. 心理学报,4:374~380
Anderson N H (2001). Empirical Direction in Design and Analysis. NJ, Mahwah:Lawrence Erlbaum Associates
Chen Lin (2005). The topological approach to perceptual organization. Visual Cognition, 12 (4):553~701
Gauch H G (2006). Winning the accuracy game. American Scientist, 94:135~143
Klein S B, Loftus J, & Burton H A (1989). Two self-reference effects: the importance of distinguishing between self-descriptiveness judgments and autobiographical retrieval in self-refer-

ent encoding. Journal of Personality and Social Psychology, 56(6): 853~865

Plutchik R (1983). Foundations of Experimental Research. New York: Harper & Row

Roediger H L, Weldon M S, & Challis B H (1989). Explaining dissociations between implicit and explicit measures of retention: a processing account. In: H L Roediger & F I M Craik (Eds), Varieties of Memory and Consciousness. NJ, Hillsdale: Lawrence Erlbaum Associates, 3~41

Li S-C (2003). Biocultural orchestration of developmental plasticity across levels: the interplay of biology and culture in shaping the mind and behavior across the life span. Psychological Bulletin, 129(2): 171~194

Simon H A (1974). How big is a chunk? Science, 183: 482~488

Tulving E & Schacter D L (1990). Priming and human memory system. Science, 247: 301~305

Zhu Y & Zhang L (2002). An experimental study on the self-reference effect. Science in China (Series C), 45: 120~128

概念的定义

在科学讨论中不时会遇到这种情形,有人声称:"那全是概念的定义问题,如果事先定义好概念,所有的争论都是不必要的"。这些人忘记了科学研究的一个基本事实,即概念的恰当定义是科学研究的结果,而不是它的出发点。

一、为什么需要新的概念

科学研究中随着收集到的新的信息的增多,要求提出新的概念,这些新的概念服务于各种目的。

首先,新概念的提出是为了使旧的概念更精确或更一般化。例如,20世纪30年代初期,美国心理学家Skinner提出操作性条件(operant conditioning)作用以区别于经典性条件(classical conditioning)作用。经典性条件作用首先由苏联科学家巴甫洛夫20世纪初发现并加以研究。在他的实验中,如果在铃声之后让狗进食,多次重复之后仅仅是铃声而没有食物也可以引起狗的唾液分泌,这就是经典性条件作用的现象。在这里,铃声是条件刺激,它引起了无条件反射——唾液分泌,铃声成了食物的信号。操作性条件作用不同于经典性条件作用。假设一只饥饿的白鼠在"Skinner箱"中乱跑寻找食物,偶然碰压了杠杆,一粒食物丸弹了出来,白鼠将其吃了,于是压杠杆的时距越来越短,这就是操作性条件作用的现象。在这里,压杠杆的动作是条件反应,食物出现和吃食是对按压动作的强化,杠杆就是条件刺激。在经典性条件作用的学习过程中,条件刺激在前,所测量的无条件反射(唾液分泌)在后;然而,在操作条件作用中,所测量的条件反应(揿压杠杆反应的次数除以进入"Skinner箱"后各种反应的总次数)在前,无条件刺激(食物、进食)在后。最新的研究表明,这两种条件作用的神经机制也是不同的(Lorenzetti, et al, 2005)。

其次,新概念的提出是为了概括新的观察。心理理论(theory of mind, TOM)是由Premark与Woodruff(1978)在研究黑猩猩的认知能力时提出来的。黑猩猩能理解人的行为可以解释为它能觉察人的意向(intentions),这表明它具有通过心理状态归因(mental state attribution)的方式来预期其他个体(黑猩猩或人)的动作的能力,这种特殊的认知能力称为心理理论。近二十年来心理理论的研究主要集中在发展心理学中,图 2.1 是研究心理理论的一种简单任务。结果表明,4 岁以上的小孩都会预期莎莉会去篮子里找她的球。

图 2.1　心理理论示意图(Baron-Cohen,1985)

第三,提出新概念是为了对已观察到的事实提供理论说明。20 世纪 80 年代末兴起的内隐记忆(implicit memory),又称启动效应(priming effect),对其的研究热潮可以说是记忆研究中的一场革命(Richardson-klavehn & Bjork, 1988)。内隐记忆是一种无意识的记忆,即有记忆但意识不到,它的保持时间远远长于有意识的记忆(或称外显记忆,explicit memory)(Tulving, et al, 1982)。遗忘症(amnesia)病人由于某种形式的脑损伤而丧失有意识的记忆或有意识记忆很差,但其内隐记忆保持完好(Graf, et al, 1984)。针对启动效应的这些特点,Tulving 认为内隐记忆代表着一种新的记忆系统,即知觉表征系统(perceptual representation system)。知觉表征系统与程序记忆系统(procedural memory system)、语义记忆系统(semantic memory system)、工作记忆系统(working memory system)和情景记忆系统(episodic memory system)共同构成了人类的5类记忆系统。这样,Tulving 等人用记忆系统的概念来解释所有各种各样的记忆现象(Tulving & Schacter, 1990; Schacter & Tulving, 1994)。与记忆系统的概念不同,Roediger 等人提出传输适当认知程序的观点(transfer-appropriate procedures approach),来解释内隐记忆与外显记忆之间的差别。他们认为记忆测验是由各种认知过程构成的,内隐记忆与外显记忆测验之间的不一致反映了不同认知过程的作用。这样,Roediger 等人用过程的观点(a processing account)来解释所有的记忆现象(Roediger et al, 1989)。Tulving 认为,记忆过程的概念象征着信息加工时代即认知心理学的遗产,而记忆系统的概念是记忆研究的认知神经科学阶段的礼物。

同一个概念有时代表着不同的含义,例如,内驱力(drive)有时作为一个方便的综合性单词,用来描述剥夺(depriving)实验动物的食物或水的多种程序。例如,24小时不让狗饮水(剥夺水),狗便具有很强的内驱力要饮水;小白鼠12小时不接触食物,便有很强的内驱力要吃食。这些各种不同的程序统称内驱力。但内驱力有时也指体内某种生理变化。在前一种场合,它可以看做是一个中间变量(intervening variable),即对几个有关的概念的综合词;而后者则被认为是假设的结构(hypothetical construct),是一个理论概念,意味着某种真实的存在。这种"存在"可以用各种独立的指标进行测量,如驱动状态下血液的化学变化、胃液的酸度、肌肉的紧张度等。如果这些独立的测量都确证了内驱力状态的特征,那么,这就证实了这个假设结构是真实存在的。

二、心理学家是如何定义概念的

我们首先给出一些心理学概念定义的例子,然后进行讨论。

(一) 一些心理学概念的定义

1. 情景记忆

关于情景记忆(episodic memory), A. Wheeler(1997)是这样定义的:"像任何其他科学概念一样,情景记忆的含义不仅在于它是什么——描述它的性质,起作用的规律以及它的神经机制——而且还在于它不是什么。情景记忆最初是以它与语义记忆的区别来定义的,甚至今天,这两种记忆之间的类似性与差别在详细解释情景记忆的本质时仍然有用"。情景记忆与语义记忆的差别可参考表2.1。

表 2.1　情景记忆和语义记忆的差别(隋洁等,2004)

	情景记忆	语义记忆
内容	个体过去的主观经历	关于事实的知识
意识类型	自我觉知	一般觉知
自我	参与者(主观)	观察者(客观)
指向	过去、未来	现在
脑定位	编码:左额叶,提取:右额叶	编码与提取:左额叶
形成	4岁左右	情景记忆之前
实验任务	回忆、带R/K判断的再认等	单词归类、同义词判断等

情景记忆这一概念是由 Tulving 在 1972 年提出来的,30 年后他是这样定义情景记忆的(Tulving,2002):情景记忆是一种假定的记忆系统,一种认知神经(心-脑)系统(neurocognitive system),它比语义记忆发生、发育得晚,它的精髓在于三个概念——自我(self)、自我觉知(autonoetic awareness)和主观时间(subjectively sensed time)的结合,从而使心理时间旅行(mental time travel)成为可能。

2. 内隐记忆

关于内隐记忆有许多不同的定义,其中之一是:"在缺乏意识回忆(conscious recollection)的情况下,记忆任务中的作业(performance)得到易化(facilitation)时内隐记忆就显示出来了"(Richardson-klavehn & Bjork,1988)。这个定义表明,内隐记忆是从两种记忆测量之间的分离(dissociation)中推论出来的。在这种情况下,内隐记忆一词指的是记忆的一种假设形式,"假设"的意思是"不可直接观察到",因此,这种定义的内隐记忆指的是一种心理状态(mental states),它的存在必须由实验数据推测出来。

1984 年 P. Graf(1984)等人在题为"遗忘症病人不会遗忘的信息"的论文中,报告了他们对三种类型的遗忘病人(柯萨柯夫遗忘症、酒精中毒柯萨柯夫遗忘症以及脑缺氧病人)进行实验研究的结果。表 2.2 是三项实验中在意义加工的条件下(要求被试对所见到的单字作喜欢或不喜欢的 5 点量表评判)遗忘症病人与控制组被试的结果。从表中可以看到:

表 2.2　三项实验的综合结果

	外显记忆测验		内隐记忆测验
	自由回忆	有线索回忆	词干补笔
控制组	0.37	0.69	0.49
遗忘症病人	0.15	0.58	0.57

(1) 在外显记忆测验(自由回忆)中,病人显著地不如正常人,这表明病人的外显记忆受到严重损伤;在另一项外显记忆测验(有线索回忆)中,结果是类似的。控

制组的69%与病人组的58%在统计上有显著性差异。

(2) 在内隐记忆测验(词干补笔)中,病人组的57%,与正常组的49%相比,表示病人的内隐记忆仍然保留。

(3) 比较词干补笔与有线索回忆两种测验中两类被试的结果可以看到,正常人从49%上升到69%,而病人则从57%到58%几乎没有变化。这表明在有线索回忆时,当主试明确要求被试以缺笔字(如"sha____")作线索来进行有意回想时,正常人大大地提高了成绩;但是,病人由于脑损伤而不能回忆,所以主试的指示语并没有发生效力。

3. 知觉物体

怎样准确地定义"知觉物体"(perceptual object)的概念是拓扑性质知觉理论关心的主要问题之一。这里所说的知觉物体是指知觉中的物体,以区别于物理物体。我们说看见一个物体,就是指把该物体从它的背景上分离出来。那么,什么叫做知觉物体? Chen Lin (2005)认为知觉物体可以定义为拓扑变换中的不变性。拓扑学描绘在橡皮薄膜似的变形时图形仍然保持不变的性质,例如"连通性"和"洞的个数"。当物体平滑地改变形状(不破裂或融合)时,"连通性"和"洞的个数"这些性质保持不变。例如,一个三角形可以变成正方形或圆,但其连通性(作为一个连通的整体这个性质)保持不变,连通性就是一种拓扑性质。另外,一个连通的圆形中有没有洞或者有几个洞也是一种典型的拓扑性质。炸面包圈与咖啡杯在拓扑性质上是等价的,因为它都有一个洞;而空心的长方形和实心十字形在拓扑性质上不等价,因为一个有洞而另一个没有洞(具体例子请见图2.2)。当一个实心圆变成空心圆时,按照知觉物体的拓扑知觉理论的定义,我们说产生了新的物体,因为其拓扑结构发生了变化;然而,当一个物体由红变成绿色时,或由长方形变成正方形时,我们说没有产生新的物体,因为其拓扑结构未变。

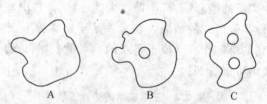

图 2.2 拓扑性质例子
一个连通的圆形中有没有洞或者有几个洞表示不同的拓扑性质。A,B,C 的拓扑性质各不相同。

注意捕获(attentional capture)的研究为拓扑知觉理论的知觉物体定义提供了新的证据。Yantis 1996 年提出,在完全的刺激驱动的方式中视觉注意能否被捕获?他们发现,只有新刺激的闪现才能捕获注意;而突出的特征变换并不能捕获注意,而从知觉物体的拓扑学定义来看,拓扑变换就意味着新的物体,因而必然会引起注意捕获现象。周可等人新近的实验证了这一设想(Zhou, et al, 2004)。他们使用了"无关特征搜索"范式(irrelevant feature search paradigm),要求被试对呈现的随机运动的刺激仅报告是否有一个项目不同于其他的项目,而不需报告刺激的形态,这样就可能消除自上而下的加工。在这种完全的刺激驱动的方式中发现,拓扑变换,例如 H(不包含洞)变换成 P(拓扑结构上包含一个洞,因而不同于 H),出现了注意捕获。而且注意捕获量与由 S 形闪现引起的注意捕获量类似。换句话说,空白背景上一个新刺激的闪现(S 形闪现)或形成一个洞(H 变换成 P)所引起的注意捕获是相当的(以反应时作指标),因为两种情形下有一个共同的性质,即拓扑变换产生了一个新的物体:S 形闪现是由无到有,而 H 变成 P 是从无洞到有洞。

4. 自我意识

自我意识是一个非常复杂的概念,Tulving(2003)总结了自我意识的几个特性:

(1) 自我意识是一种能力,使个体能领悟自己个人的过去和将来;丧失自我意识的病人做不到这一点。

(2) 自我意识是情景记忆的必要成分。人们可以无意识地学习和行动,但不能没有自我意识而回想。

(3) 自我意识比一般意识发展得较晚。

(4) 自我意识可以测量。带 R/K 判断的再认[①]测验中,"remember"的得分就是对自我意识的测量。

Tulving(1999)说:"一个正常人能够区分回想个人的(personal)经验与回忆客观的(impersonal)事实,就像很容易区分知觉与想象一样。这种人类的能力使得使用 R/K 作为自我意识(autonoetic)与一般意识(noetic awareness)的操作定义成为可能。"

5. 害怕

研究动物的害怕(fear)有许多不同的方法,Plutchik(1983)引述 Miller 1957 年的说法,列举了 8 种产生或测量动物害怕的方法,它们是:

(1) 回避条件反射。在这种方法中,小白鼠或其他动物蹬转轮,从一只箱子跑到另一只箱子或者按压杠杆以回避疼痛的电击。通常测量是反应速度或回避反应在总反应中的百分比。

[①] 带 R/K 判断的再认:这是测量记忆的一种方法,为 Tulving 所创立。再认时,如果被试对某项目回答说"见过",他还需要继续回答,他对该项目是记住的呢(R)还是仅有熟悉感(K)。"记住"的含义是能想起有关该项目的一些细节来。

（2）拉的力量。动物想要逃离不舒服的刺激,它在特殊挽具中拉的力量被测定。

（3）Sidman 方法。动物压着杠杆以延缓规定时间内出现的电击。测定动物按压杠杆的时间与动物在装置内的时间的比例。

（4）回避冲突的方法。在动物想要吃食和想要避免电击之间诱发冲突。

（5）条件化抑制作用:实验中给动物呈现一段时间声音刺激后,立刻对其施以电击刺激,在经过一定时间的训练后,动物在听到同样的声音刺激后,形成了抑制状态,即使没有后续的电击刺激,也会减少踩踏反应杠杆的次数。

（6）惊跳方法。电击动物之后给予信号,进行多次训练。测验时取消电击,代之以突然的噪声。以惊跳的程度测量条件性害怕的大小。

（7）生理测量。测量动物的心跳或皮肤电来表示害怕的程度。

（8）自然观察。对动物在自然状况或在实验设置的状况下的自发行为进行观察,记录其逃脱和退缩行为。

这样,使用任何一种方法你都可以观察到动物的害怕。"害怕"是一个理论概念,它指的是假定的机体的某种一般的状态,其他的概念如学习、记忆、饥饿、渴、精神病、情绪、内驱力等也莫不如此。重要的是,这些假定的一般的状态不可能由单一的指标(index)完全测量出来,就像不能用一个人格形容词来完整地描述一个人一样。因此,对某一问题的研究使用多种测量方法是最好的,多种测量结果会加深我们对该问题的理解。

与害怕的概念类似的还有"疼痛"(pain)。"什么是疼痛?一种感觉,一种经验,一种征兆,或甚至是一种疾病?我们全都熟悉这个靠不住的简明词汇,但要描述疼痛时简明性消失了。似乎没有一个单一的定义能够概括疼痛的所有细微差别,这些差别包括从简单的感觉到复杂的情绪经验如忧愁和受苦。"(Jensen,2005)

6. 注意

1890 年 William James 曾经给出一个"注意"的定义:每个人都知道注意是什么,它是心智(mind)从一些同时呈现的客体或一连串的想法中,以清晰和生动的形式拥有其中一样的本领。Posner 和 Fan(2004)不满意 James 关于注意的主观定义(subjective definition),认为该定义不能引导我们去理解注意的发展以及注意的病态变化。他们根据《韦氏词典》关于器官系统(organ system)的字典定义(dictionary definition)给出了注意的定义(或说明):注意是一个器官系统,它具有三种不同的功能,每种功能都有相关的神经网络。注意的警戒(alerting)功能是对感觉信号的预备能力使机体处于警戒状态,相关的脑区包括右侧额叶和顶上回;定向(orienting)的功能即从感觉输入中选择信息(使注意指向感觉信号),相关的脑区包括眼额区、颞顶联合区、枕核和上丘脑;执行控制功能即解决冲突(在竞争的信息中选择一种信息),相关的脑区包括前带前回。

7. 压抑

压抑(repression)不需要的记忆这一概念在心理分析理论中起着非常重要的作用,一百多年前弗洛伊德把它定义如下:压抑的本质就是拒绝某事,使它远离意识(Conway,2001)。2001 年 Anderson 等人(2001)在《自然》杂志(Nature)发表行为实验结果支持弗洛伊德关于压抑的最早的定义。2004 年 Anderson 等人(2004)在《科学》杂志(Science)发表 fMRI 研究的文章,确证了使不需要的记忆在意识之外的神经结构的存在。

(二) 概念定义方式给实验研究的启示

由上面叙述的几个心理学概念定义的例子我们可以看到,如同任何其他学科一样,心理学中概念定义的方法也是多种多样的。纯粹描述性的,如 Freud 关于压抑的定义;字典定义式的,如 Posner 等人把注意定义为一个器官系统就是根据《韦氏词典》关于器官系统的定义作出的;以具体实验程序定义的,如 Miller 关于动物害怕的定义;概念的操作定义,如 Tulving 用再认中 R/K 判断的 R 作为自我意识的测量;从某个理论出发建立在严格的数学论证基础之上的,如陈霖关于知觉物体的定义;假定某种心理状态,它的存在由实验数据推测出来的,如内隐记忆的定义;罗列与概念相关的功能来定义概念,如情景记忆,等等。这些多种多样的概念定义的方式有什么共同点?与我们的实验研究又有什么关系呢?

(1) 当前许多概念的定义涉及相应的脑机制问题。Tulving(2002)在总结情景记忆近三十年的研究发展时所用的标题"情景记忆:从心智到脑"清楚地说明了这一点。因此情景记忆被定义为一种认知神经系统;而注意更被定义为一种器官。概念定义的这一特点反映了心理学与脑科学结合的趋势,反映了认知神经科学的发展,它与研究人员的工作、学习关系十分密切,1993 年《科学》杂志一篇文章引述一位美国博士生的话说:"我的研究领域是客体识别,在我研究生训练的早期就已很清楚,一名心理学家在不了解神经系统是如何工作的情况下发展出一个客体识别理论是不可思议的。所以我开始学习神经解剖课程。"(Waldrop,1993)

(2) 同一概念有多个定义,因此在实验研究中选择哪个定义是一个决策过程。要认识到任何一个定义或测量,只是对概念的部分说明,应当提倡使用多种指标来测量因变量。更重要的是,要认识到在特定的情况下,哪个定义是能够带来最丰硕成果的。专家与新手的重要差别之一就表现在研究中选择概念的定义上。

(3) 概念的操作定义的应用。如果像自我意识这样极为复杂的概念也可以有操作定义的话,那么,实验研究中方法部分应该叙述得十分清楚,以便别人仅依据你的叙述或有关知识的帮助,就能重复你的实验。在这方面,要注意两点:第一,你知道的,读者不一定知道,掌握不好这点就容易使方法的叙述过于简化,读者看不懂;第二,你知道的,读者也已经知道了。掌握不好这点容易重复众所周知的东西,显得啰嗦。

三、概念的定义与科学研究的关系

概念定义的发展反映了科学研究的进展,同时,概念的定义又推动科学研究的发展。

1972年Tulving首次提出情景记忆与语义记忆的划分,情景记忆是个体自己经历过的事件的记忆,而语义记忆则存储关于世界的一般知识。例如,张三去青岛旅游或今天上午学习了40个英语单词这类记忆,与张三知道地球是圆的这类记忆是不同的。情景记忆强调基于特定时间与地点的情景与事件的记忆。Crowder等人坚决反对情景记忆的提出,认为长时记忆是一个统一的整体。这是情景记忆的描述阶段。

1983年Tulving强调情景记忆的一个独特之处在于,从情景记忆中提取信息时伴随着一种温暖的、亲密的情感,伴随着个人色彩,伴随着自我觉知(self awareness)——主观上重新体验过去经历过的事件。而语义记忆涉及的是关于世界的知识,这些知识是与其他人共享的,对回忆者来说并没有独特之处。自我觉知的提出为界定情景记忆指出了一个重要标准,它反映了对记忆与意识关系的重视。

2002年Tulving提出情景记忆是由自我、自我觉知和主观时间三个要素组成的一种认知神经系统,是唯一指向过去的记忆系统,是人类进化的近期演化出来的。这个定义反映了记忆研究的新阶段——记忆的认知神经科学研究阶段。

以上关于情景记忆定义的变化反映了记忆研究的进展,同时新的概念也推动了记忆的研究。Tulving(1998)指出,"两个新概念的形成与发展对今天记忆的研究起着非常重要的作用。一个概念是,人的记忆区分为编码、储存和提取等不同的过程……因此,如今要一般地议论影响'记忆作业'的变量,或造成'记忆障碍'的条件都是不适当的,作业与障碍都必须用特定的记忆过程及其交互作用来加以说明。另一个概念是,多重记忆系统或各种分离的记忆形式的概念,这是一个与传统的记忆思想相对立的根本性的概念,它最终的影响很可能会超过所有目前的期望。"

既然概念的定义反映了科学研究的进展,那么,我们不要错过有意义的新概念。Roediger(2002)在1995年写作一篇文章时回顾了他以前作为研究生怎样错过了记忆中加工水平这一概念。"在1972年,Fergus Craik和Robert Lockhart发表了一篇有关人类记忆加工水平研究的论文,这篇论文是认知心理学史上引用次数最多的文章之一。不同于箱子-箭头范式的认知系统的信息流,他们认为人们总是尽可能地尝试感知、理解世界,对事件的记忆只是副产品,反映的是对原来事件加工的深度或水平。他们提出的想法与20世纪50～60年代的注意文献的研究相似,而且他们整理的记忆实验事实大部分是从已经发表过的偶然学习(incidental learning)实验中发展而来的。我可以回忆起我第一次阅读他们的论文的情景,我当时想:'这有什么新的?'因此,导致我错过了下一个10年里最重要的想法之一,而许多其他的研究者急切地把握住了它。加工水平的研究很明显是过去25年内学习与记忆心理学研究的主要潮流之一。"

科学研究在前,概念定义在后。F. Crick等人(1993)在谈到意识的定义问题时曾说过,"要想确切地掌握我们需要解释的东西并不容易,并且在可以科学地描述视觉意识之前还需要许多仔细的实验。由于早熟的定义有着各种危险性,我们不试图给意识本身下定义(如果这看起来像是逃避,那么你就试验一下给'基因'一词下定义,你会发现这并不容易)。"

Plutchik(1983)引用Freud的话表明,概念的定义是科学研究中"瓜熟蒂落"的过程,因而我们不必追求精确与严格而给出早熟的定义:

"人们通常为这种观点辩护,即科学应该建立在明确而清晰定义的基本概念之上。事实上,科学甚至最精密的科学都不是以这样的定义开始的。只能说,科学活动真正开始于描述现象,然后将现象归类,使它们相互关联……仅仅是在对某领域的更多的探索研究之后,我们才能以逐渐清晰的语言表达该领域的科学概念,随着科学研究的深入我们修改这些概念,直到它们被广泛接受而同时在逻辑上又是前后一致的。的确到那个时候,把概念镶嵌在定义中的时刻才算来临。"

总之,概念是科学研究的结果而不是科学研究的前提。对这一点,Gillihan和Farah(2005)作了很好的说明:"如同心理学中许多基本概念,如意识、注意、知觉、记忆一样,自我的概念是难于用一种清晰的和非循环的方式来定义的。尽管如此,大多数人关于什么构成自我的例子的直觉,如同大多数人关于什么构成其他概念的例子的直觉一样,且在多数场合都是一致的,因而缺乏精确定义并不必然成为科学研究进步的障碍。的确,我们可以说,经验研究已经阐明我们使用这些词汇意味着什么,而一个概念(如'自我')的完全定义可能会在研究过程中涌现出来而不是作为研究的前提。"

四、面对科学难题,我们需要新的科学概念

新概念的提出要求人们转变观念,改进科学思维去接受它,而不是在头脑中设立"禁区"去抵制它。什么是意识?能对意识进行科学研究吗?在行为主义盛行的年代(约20世纪20～60年代),意识是一个禁止使用的概念。认知心理学时期(约

20世纪60~80年代中叶),心理学家仍然忽视意识问题,这个问题要么被认为是纯粹的"哲学问题",要么是太玄了无法进行实验研究。随着认知神经科学的兴起,事情才有了改观。

著名的研究意识的认知神经科学家Baars(2002)说:"在过去的几年中,心理学家和脑成像研究者开始了密切与成功的合作。我们开始能够看到,当脑在思考、观察和记忆时,脑是如何活动的,许多证据都符合我们的预期。我们首次能够将所有这些信息资源放在一起,看其是否可以概括成一个完整的认识。在我们这样做的时候,每周都有新的发现。""作为一名对这些问题有将近二十年研究经验的认知神经科学家,我认为现在是告诉大家关于意识研究进展的最好时机。"意识问题是最深奥的科学之谜,如果意识问题可以进行科学研究,那就没有什么"禁区"是科学研究不能涉足的。Baars在总结科学史时提醒我们,"在科学的长河中,我们必须记住:概念上的困惑是我们遇到科学新边疆时通常发生的事情,而不是例外。重力在17世纪中叶是哲学上的一个反论,地球是圆的在15世纪初被认为是奇谈怪论,在20世纪初一些一流物理学家认为外层空间飞行是不可想象的"。

参 考 文 献

Baars B J 著(2002).在意识的剧院中:心灵的工作间.陈玉翠等译.北京:高等教育出版社,1;123

Roediger H L (2002).认知心理学的未来.见:R Solso 编,朱滢、陈烜之等译,21世纪的心理科学与脑科学.北京:北京大学出版社,175~176

Tulving E (1998).记忆.见 M S Gazzaniga 主编,沈政等译,认知神经科学.上海:上海教育出版社,429~430

隋洁,吴艳红(2004).心理时间之旅:情景记忆的独特性.北京大学学报(自然科学版),40(2):326~332

Anderson M C & Green C (2001). Suppressing unwanted memories by executive control. Nature, 410:366~369

Anderson M C, Ochsner K N, & Kuhl B, et al (2004). Neural systems underlying the suppression of unwanted memories. Science,303(5655):232~235

Conway M A (2001). Repression revisited. Nature, 410:319

Crick F & Koch C (1993).意识问题.见:中国科学技术信息研究所重庆分所编译,科学(中译本).1:77~91

Gillihan S J & Farah M J (2005). Is self special? a critical review of evidence from experimental psychology and cognitive neuroscience. Psychological Bulletin, 131(1):76~97

Graf P, Spuire L R, & Mandler G (1984). The information that amnesic patients do not forget. JEP: Learning, Memory and Cognition, 10:164~178

Jensen T S (2005). Pain: from molecules to suffering. Nature Reviews Neuroscience, 6:505

Chen Lin (2005). The topological approach to perceptual organization. Visual Cognition, 12(4): 553~637

Lorenzetti F D, Mozzachiodi R, Baxter D A, & Byrne J H (2005). Classical and operant conditioning differentially modify the intrinsic properties of an identified neuron. Nature Neuroscience, 9: 17~19

Plutchik R (1983). Foundations of Experimental Research. New York: Harper & Row

Posner M I & Fan J (2004). Attention as an organ system. In: J Pomerantz (Ed), Neurobiology of Perception and Communication: Form Synapse to Society the IVth De Lange Conference. Cambridge UK: Cambridge University Press

Roediger H L, Weldon M S, & Challis B H (1989). Explaining dissociations between implicit and explicit measures of retention: a processing account. In H L Roediger & F I M Craik (Eds), Varieties of Memory and Consciousness. NJ, Hilldsale: Lawrence Erlbaum Associates, 3~41

Richardson-klavehn A & Bjork R A (1988). Measures of memory. Annual Reviews of Psychology, 39: 475~543

Schacter D L & Tulving E (1994). What are the memory systems of 1994? In: D L Schacter & E Tnlving (Eds), Memory System. MA, Cambridge: The MIT Press, 1~38

Tulving E (2002), Episodic memory: from mind to brain. Annual Review Psychology, 53: 1~25

Tulving E & Schacter D L (1990). Priming and human memory systems. Science, 3(1): 89~95

Tulving E (1999). On the uniqueness of episodic memory. In: L G Nilsson & H J Markowitsch (Eds), Cognitive Neuroscience of Memory. Göttingen: Hogrefe & Huber Publishers, 11~42

Tulving E (2003). Memory and consciousness. In: B J Baars, W P Banks & J B Newman (Eds), Essential Sources in the Scientific Study of Consciousness. MA, Cambridge: The MIT Press, 579~591

Tulving E, Schacter D L, & Stark H A (1982). Priming effects in word fragment Completion are independent of recognition memory. JEP: Learning, Memory and Cognition, 8: 336~342

Waldrop M M (1993). Cognitive neuroscience: a world with a future. Science, 261(24): 1805~1807

Wheeler M A, Stuss D T, & Tulving E (1997). Toward a theory of episodic memory: the frontal lobes and autonoeic Consciousness. Psychological Bulletin, 121(3): 331~354

Zhou K, Lu S N, Hu S Y, & Chen L (2004). Wholes, holes, and objects in visual selection attention. Manuscript submitted for publication

3

实 验 类 型

当你考虑实验研究时,一个重要的问题是,你想做什么类型的实验?实验类型的区分取决于自变量的数目以及每一自变量的水平多少。不同类型的实验导致不同的设计方法和不同的数据分析方法以及不同的对结果的概括化程度。

一、二价实验

二价实验(bivalent experiments),指实验中只有两种条件进行比较。例如,在学习时间、学习材料相等的情况下,比较学习材料的性质(诗歌与议论文)对记忆的影响;比较高焦虑与低焦虑被试在动作操作(走铁笔迷宫)上的差别;比较集中学习方法与分散学习方法对学习英语的影响,等等。一般认为,二价实验在系统探索某个问题的开始阶段时是相当有用的,它可以帮助确定影响结果的重要变量,因而以后可以系统地研究它们。而且,在一些心理学研究中自变量只有质的变化,如感觉到的变化或语言中语种的变化等。因而二价实验有其适用的范围。例如,In-mao Liu 等人(1992)发表《认知》杂志(Cognition)上的文章中共有 10 个实验,系统探索字母文字(alphabetic words)和符号文字(logograph words)加工中的差别,其中两个实验就是 2×2 的设计。

但是,二价实验的缺点也是很明显的,即它的结果的概括性很差,假定有一项研究表明,食物剥夺 24 小时的小白鼠学习走迷宫的速率高于没有食物剥夺(或食物剥夺为零)的小白鼠,因而作者得出结论说,操作速率随剥夺时间增加而增加;而另一位研究者,在不知道这项结果的情况下发现,食物剥夺 48 小时的小白鼠学习速率反倒比没有食物剥夺的低,因而得出结论,操作速率随剥夺时间增加而减少。以上两位研究者得出了不同的结论,但他们都是以偏概全,过分概括化(overgeneralization)了。当两个变量的关系是非线性时,二价实验总会导致这种矛盾的结论(见图 3.1)。另外,从图 3.1 我们还可以看到,如果第三位研究者挑选的食物剥夺时间为 36 小时,他将发现两种条件(剥夺时间为 0 与剥夺时间为 36 小时)下学习速率是相同的,即两种条件下的学习速率无差别。总之,0~36 小时的食物剥夺将增加学习速率,而食物剥夺超过 36 小时的将减少学习速率。这样,从实验中抽取的结论依赖于任意挑选的两种比较条件。但是在任何探索性实验中,实验者事先并不知道曲线的整个形状,因此挑选实验条件多半是随机性的。很明显,如果实验结果表明所比较的两种条件之间没有显著差别,这并不必然表示这两个变量(食物剥夺与学习速率)之间没有关系。在任何 U 形或倒 U 形曲线,都有许多对点是处在同样高度的。这就是说,存在着许多可能的比较,它们将显示没有显著差别。因此,二价实验的否定性发现(两条件之间无显著差别)绝不是无可置疑的;而它的肯定性发现(两条件之间有显著差别)通常又是含混不清的。

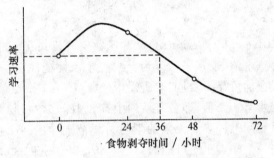

图 3.1 学习速率与食物剥夺时间关系的假设曲线

二价实验的局限性还不止于此。两个变量之间的关系曲线可能包括高原期(plateau)或渐近线(asymptote),如图 3.2 所示。例如,如果焦虑水平的两值选在 B 与 C 之间,研究结论就会是高低焦虑水平与学习速率无关;而如果两值选在 A 与 B 之间,研究结论就会是随着焦虑水平升高,学习速率增加了。从这里可以看到,二价实验可能导致两种危险:第一,当下结论说两个变量(焦虑与学习)无关时,实际上只是比较的两种条件(B 与 C 的焦虑水平)不存在差别;第二,当下结论说某种变量(焦虑)对另一种变量(学习)的影响效果是上升(A 到 B;或下降,B 到 A)

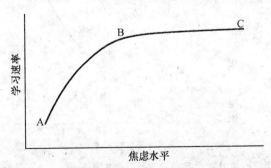

图 3.2 学习速率与焦虑水平之间假定的关系曲线

时,实际上这只是整条曲线的一小部分。这两种情况也都是过分概括化。

二价实验提供的信息是非常有限的,我们不能从二价实验的结果(食物剥夺 24 小时增加了学习速率)推测,在新的实验条件下(如食物剥夺时间 18 小时)结果(学习速率)将是怎样的,即人们无法对二价实验的结果进行内插(interpolation)。换句话说,科学研究的目的之一是要确立一些普遍的原则以适合更多的现象,我们试图在个别实验发现的基础上去概括尚未测验过的条件的结果,换句话说,我们想要预测。为了做到这一点,我们必须超越简单的二价实验而去确立两个变量之间的函数关系。多价实验可以大致满足我们的要求。

二、多价实验

多价实验(multivalent experiment)又称函数实验(functional experiment),它要求自变量至少有三个值(或水平),因为至少三个点才能决定一条曲线的大致走向,取值愈多,曲线愈加可靠,不过实验研究中一般取 5~7 个点就可以了。

图 3.3 的自变量有 7 个值,即音节系列中有 8,12,16,24,32,48 或 72 个音节。这 7 种不同的数量实际上代表着无限的学习材料范围中的一个样本(sample),因为在实验中用另外一个样本也是可能的:4,14,55,155。从图 3.3 的曲线我们可以估计出学会任何数量的材料所需要的时间,包括哪些未实际测验过的材料。换句话说,我们可以进行内插和外推(extrapolation)计算,前者是在所用材料的范围内预测结果(如学会 40 个音节要求多少时间),后者是在所用材料的范围外预测结果

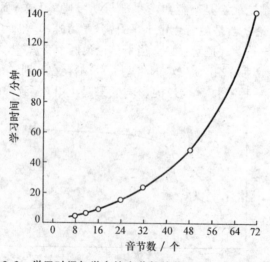

图 3.3　学习时间与学会的音节数的关系(Plutchik,1983)

(如学会 80 个音节需要多少时间)。

多价实验对实验心理学有重要意义。当我们比较一系列条件(自变量取多个取值)时,实质上是在广大范围的自变量取值上选取其中的一个样本。这使我们有可能画出一条平滑的连续曲线从而进行内插与外推,去估计哪些尚未测验过的条件的结果。此外,可靠的函数关系对理论的构建是必须的。

Plutchik(1983)曾引述《实验心理学》杂志(Journal of Experimental Psychology)的编辑 A. W. Melton 1962 年的话来评论二价和多价实验:

"……研究不应该仅仅限于确定一个变量的效应,而应该超越这种简单的证明,进而确定该变量的不同水平与该效应的不同水平之间的函数关系,或所证明的效应进一步整合……我们相信,以实验组和控制组或 2×2 设计为基础的简单实验报告的时代在许多成熟的心理学研究领域已经过去,而每项发表的报告应该对所研究的问题作出更为实质性的贡献。特别理想的是,实验心理学应该朝着测定自变量与因变量之间的定量函数关系前进,因为行为中的许多这类数量关系证明是非单调的(nonmonotonic)。"

三、参数实验

参数实验(Parametric experiment)是多价实验的扩展,如果后者可看做是两个维度的话(因为它涉及两个变量),那么参数实验就可以看做是三维的,因为它关联着三个变量。"参数"一词是从数学中借用过来的,它在给定的方程中可以看做是一个恒定的值,但可以对它取不同的值。由参数的不同值可得到一组曲线。

为了把参数的概念应用于心理学研究,我们必须了解心理实验的一个基本原则,即在探索自变量对因变量影响的同时,其他条件要保持恒定,这是概括实验结果的前提。例如,照度水平、刺激物大小及刺激物与背景亮度的对比是影响视觉空间辨别的重要因素。荆其诚等人(1987)对这些因素进行了研究。他们在不同照度水平的条件下,用不同视角开口的蓝道环来改变对比度,得出如图 3.4 所示的一组视觉功能曲线。该功能曲线连接着三个变量:刺激物(蓝道环)与背景亮度的对比(因变量,实际上就是眼睛的相对敏感性)、照度水平(自变量)和刺激大小(即视角;作为参数的自变量,分别标出视角为 $10'$,$4'$ 等)。从这些曲线可以看出:① 为辨认同一视角的物体,当照度增加时,对比度可以减小。例如,一个视角 $4'$ 的物体,10 lx(勒[克斯])时对比度为 0.13 即可看清;300 lx 时对比度降到 0.06 仍可看清。为要达到一定的视觉效果,随对比度的不断减少,照度的增加是递增的。② 在同一对比度的情况下、随着照度的提高,能够分辨物体的视角可以减小。③ 在相同照度下,为要看清物体,其视角和对比度可以相互补偿。

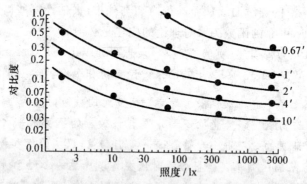

图 3.4　年轻的中国观察者的视觉功能曲线(荆其诚,1987)

参数实验的结果还可用三维方式来表示,如图 3.5。图 3.5 是 Lashley 1929 年的经典研究的结果(Plutchik,1983)。他将大鼠的大脑皮层加以程度不同的损毁,然后让它们学习难度不同的迷宫。因变量是学会走迷宫犯错误的次数,两个自变量分别是皮层损毁的百分比和迷宫的难度。图 3.5 是一个三维的立体图,人们很容易看到,所有损毁程度不同的大鼠在走容易的迷宫时(迷宫Ⅰ)犯的错误次数几乎相等,但当迷宫难度增大时大鼠的作业迅速恶化(错误次数增多)。这样,脑损伤对执行困难任务的影响是很明显的,但并不影响容易任务。Lashley 所用的容易迷宫就是光线辨别箱,里面有两条小路,路底挂好透明的帐幕,可以照到光线,要是老鼠走上了亮的一条路,经过一扇小门,就可以得到食物;反之,要是它走进了暗的一边,就找不到食物,在这条小路上还要受一次电击。亮的小路随机变动使大鼠不能产生左右联合作用的习惯。困难的迷宫(迷宫Ⅱ)如图 3.6 所示的一个箱子,叫双重台板箱。大鼠进门以后一定要先踏 a 板,再走到对面去踏 b 板,然后 d 门才打开得到食物。a 与 b 踏板离地板一寸,一个很轻的压力便可以把它压下的(朱镇苏等,1934)。Lashley 根据他的实验结果提出大脑的整体作用原则,即学习和记忆不是靠脑内的特殊神经联系,而是脑的整体作用。图 3.5 表明,大鼠的学习和记忆成绩的降低程度和大脑皮层损伤范围的大小成比例,而与损伤的部位无关。历史上记忆的神经基础这个基本问题的一个争论是,记忆功能在大脑中有定位吗?定位论者是肯定的;反对定位论的整合论者是否定的。像所有那些难于定论的争论一样,定位论与整合论在很长时间里各有兴衰,而且,在可预见的未来,情形仍将如此,而 Lashley 就是整合论的先驱之一(Tulving,1998)。

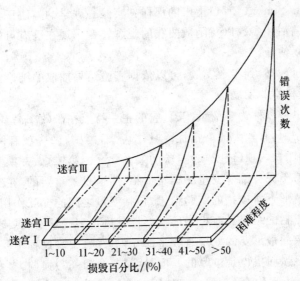

图 3.5 Lashley 1929 年经典实验结果的三维立体图显示（Plutchik，1983）
大鼠跑迷宫犯的错误怎样依赖于迷宫的难度以及大鼠皮层损毁的程度。

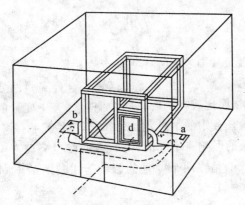

图 3.6 试验白鼠学习时所用之双重台板箱（朱镇荪等，1934）
a 与 b 两台板连续踏下去时，d 门即开。

四、从二价实验到参数实验

二价实验是只有一个自变量，且自变量只有两个水平的实验；多价实验（函数实验）也是只有一个自变量，但自变量的水平为三个或三个以上的实验；参数实验是具有两个或两个以上自变量的实验。这些实验类型的区分反映了心理实验的进步历程,正如 H. Simon(1974)指出的那样:"实验心理学的方法正在从测量假设的狭窄观念向强调估计参数以及函数曲线的观念转变。现在已有可能获得人类记忆基本参数的重复估计。"

总之,从二价实验到参数实验,可以依据实验结果抽取的结论概括程度愈来愈高,反映了心理科学的发展。

参数实验也可以称为多变量实验,它的主要特点在于效率高,能够揭露变量之间的交互作用,并具有较大的概括性。具体说来,第一,做一项有两个或三个自变量的实验,分别比做两项(或三项)实验的效率要高。第二,做一项实验比分别做两项或三项实验易于保持额外变量的恒定。第三,也是最重要的,在二项或三个自变量同时并存的情形下所概括的实验结果,包括变量之间的交互作用的结果,比从几个单独实验所概括的结果具有更大的概括性。进行多变量实验要求研究者事先对影响所研究现象的最重要的变量有较多的知识,并且实验过程中要求大量的时间、努力和金钱,当然,回报也是丰厚的。但是,赫葆源(1983)强调,多变量实验虽然优点很多,但只能为了适应真正需要而使用。在具体研究工作中,如能够使用比较简单的实验,最好就不用复杂的设计。

五、双重分离实验

人们把在同一自变量影响下两种测验产生相反结果的情形称为实验性分离。Tulving(1983)曾对实验性分离作如下的描述:"符合实验性分离逻辑的实验是这样的;控制单一的变量而比较在两种不同的测验任务中变量的效应……如果变量影响被试在一种测验任务中的结果,但不影响另一种测验任务的结果,或者变量对两种测验任务的结果的影响有不同的方向,我们就说分离产生了。"而双重分离实验(double dissociation)是在两个变量的影响下比较两种不同测验任务中两种相反的效应。

(一) 不同领域的双重分离实验

双重分离实验最早是由神经心理学家总结归纳出来的,苏联著名神经心理学家鲁利亚(Luliya, 1986)指出:"事实证明:任何一个特定的皮质病灶确实破坏一些心理过程的进行,同时另一些过程仍然保持完好(这个现象被美国神经心理学家 H. L. Teuber 称为机能的双重分离原则),包括在神经心理学研究的资料中的这种事实是很丰富的。"例如,左半球的顶-枕区中的特定病灶,导致知觉和运动的空间组织的破坏。这些病人不能辨别钟表指针的位置或地图坐标的方向,在做两位数的减法时,当从十位借位时,运算的方向就混乱了(解决例题31减7,正确地完成了计算的第一步——从30减去7,等于23,但是,以后就不知道:剩下的"1"应该加到十位上还是加到个位上,也不知道最后的答案——"22"或"24"哪个是正确的);但是,上述病灶对流畅的语言,对音乐旋律的再认或再现没有影响。另外,在皮质颞叶区(听觉区)局部损伤时则观察到完全相反的情形,即不能知觉流畅的语言,但是空间定向、计算作业这些机能不受影响。

表3.1显示了神经心理学中机能双重分离检查的一般模式。表中C与D是脑损伤的不同部位,A与B是两种不同的神经心理学的检查(测验),×××代表测验结果,">"和"<"分别是"大于"和"小于"的符号。在病人的情形下,如果第一组病人A测验的成绩优于第二组病人A测验的成绩,同时第二组病人B测验的成绩优于第一组病人B测验的成绩,我们就有理由推测两组病人脑损伤部位不同,事先我们知道,一方面B测验对C部位的脑损伤敏感,即C部位的脑损伤影响B测验,使测验成绩差,但不影响A测验;另一方面,A测验对D部位的脑损伤敏感,即D部位的脑损伤影响A测验,使测验成绩差,但不影响B测验。这样,通过在不同病人身上进行A与B测验获得相反结果,使我们有可能对不同病人的脑损伤加以定位,重复运用两种以上"双重分离"的方法,就能逐步使引起病变的脑定位越来越准确。在动物研究的情形下,一般是实验者对动物的脑部加以局部损毁,然后进行测验。

表 3.1　神经心理学中的机能双重分离

被试	脑损伤部位	A测验	B测验
第一组病人 (或损伤动物)	C	×××	×××
		V	∧
第二组病人 (或损伤动物)	D	×××	×××

表3.2是严格的行为实验中双重分离的情形。表3.2中1与2是两种不同的实验条件施加到同一组被试身上,1与2互为对照条件或控制组,C与D是假定的两种不同的心理过程或系统,A与B是两种不同的测量(因变量)。研究者希望在这种情况下观察到实验结果的双重分离,可以证明某些分离的心理过程或系统存在。例如,人们从Jacoby 1983年的实验结果企图证明记忆中存着分离的数据驱动加工过程与概念驱动加工过程(朱滢,1993)。表3.3的实验显示,在"无上下关系"的条件下,呈现单词前先呈现一排符号(×××),因此被试事先得不到关于该单词的信息;在"想出"的条件下,先呈现一个单词(如,热的),但紧跟着出现一排问号(???),被试的任务是想出其反义词(冷的),而主试不呈现该反义词。通过这种程序,Jacoby巧妙地改变着被试完成的对单词形状的感知觉加工和意义加工的数

量。在"无上下关系"条件下,感知觉的加工多,而在"想出"条件下,意义加工多。再认测验要求更多的意义加工,因此从"无上下关系"条件到"想出"条件,成绩上升(由 0.56 到 0.78),而知觉辨认测验要求感知觉加工,同样从"无上下关系"到"想出",成绩下降(由 0.82 到 0.67)。换句话说,两种测验任务的成绩在两种实验条件下趋势相反,出现了双重分离的结果。

表 3.2　行为实验的双重分离

实验条件	心理过程或系统	A 测验	B 测验
1	C	×××	×××
		∨	∧
2	D	×××	×××

表 3.3　两种实验条件下再认与知觉辨认的概率

实验条件	加工过程	再认	知觉辨认
1. 无上下关系 ××× "冷的"	数据驱动加工	0.56	0.82
		∧	∨
2. 想出 "热的" ???	概念驱动加工	0.78	0.67

神经心理学家一般承认,B 测验代表 C 部位的功能,如果 C 受损伤,B 测验成绩必然差;A 测验表示 D 部位的功能,如果 D 受损伤,A 测验成绩必然差。人们从 A 与 B 双重分离的情形可以推测 C 与 D 受损伤(参见表 3.1)。但在实验心理学的范围内,许多心理学家不承认知觉辨认测验代表数据驱动加工过程,再认测验代表概念驱动加工过程,因而不承认实验结果的双重分离可以证明分离的心理过程或系统的存在,有关的讨论可参阅相关文献(例如,朱滢,1993)。与上述不同观点相关的事实是,神经心理学研究中双重分离的事实是很多的,但在实验心理学的行为实验中双重分离的结果并不多见。

表 3.4 是脑成像研究中的双重分离情形,表 3.4 中 C 与 D 是不同的脑区,+表示显著激活而-表示没有显著激活。让我们引用 E.E. Smith(2002)的结果作为表 3.4 的例子。表 3.5 是 Smith 等人关于工记忆系统的 PET 研究结果。从表 3.5 可以看到,空间工作记忆任务激活的脑区减去它的控制任务激活的脑区后,观察到右侧前额叶、前运动区、顶叶与枕叶的显著激活;而言语工作记忆任务激活的脑区减去它的控制任务激活的脑区后,观察到前扣带回和左侧前运动区、顶叶和颞

下区的激活,总体看来,空间工作记忆的脑区在右半球,而言语工作记忆的脑区大多在左半球。

表 3.4 脑成像研究中的双重分离

脑 区	A 任务	B 任务
C	+	−
D	−	+

表 3.5 工作记忆的空间成分与言语成分在脑区上的双重分离

脑 区	空间工作记忆任务	言语工作记忆任务
右侧:前额叶,前运动区,顶叶,枕叶	+	−
左侧:前运动区,顶叶,颞下区,前扣带回	−	+

(二) 双重分离实验的意义

在神经心理学领域内,双重分离实验的被试(病人或动物)都是组间设计的,一般被试数不多,因为找到很多类似的病例不容易;在实验心理学与脑成像研究的领域,被试这一因素都是组内设计,因而可以使用较多被试。在脑成像研究领域,双重分离的实验结果被大家公认为是两种脑机制在起作用的有力的证据。例如,在上述 Smith 等人的结果中(表 3.5),作为空间加工基础的脑机制在空间记忆任务中是活动的,但在言语记忆任务中不活动;而那种作为言语加工基础的脑机制则相反。但是,人们难以从行为的双重分离实验结果推导出不同的心理机制。例如,从表 3.3 看,数据驱动加工是有利于知觉辨认的(0.82)或者说它是知觉辨认的机制(数据驱动加工导致的知觉流畅性使知觉辨认得以实现),但它不是完全无助于再认的(仍有 0.56),因而它也可能是再认的部分机制。这与表 3.5 中右侧前额叶、前运动区、顶叶与枕叶在空间工作记忆任务中激活,而在言语工作记忆任务中不激活是不同的,表 3.5 的结果是比表 3.3 的结果更加确定的。情形正如 Tulving (1998)在谈到记忆研究时指出的那样,"虽然分离现象首先在行为水平上观测到,但行为资料本身却不足以排除经验事实解释的多样性,把记忆分类成不同的系统和子系统要求采取多学科的研究途径。功能的分析必须同有关的神经解剖,神经化学和神经生理的方法结合起来"。

Smith(2002)也指出,"认知神经科学对认知的分析(或划分),可以不同于严格的行为研究或计算分析"。原因之一在于,神经心理学与脑成像研究中的双重分离实验结果,可以推测出不同的认知过程,而在纯粹的行为实验中这一点难以做到。

参 考 文 献

〔苏〕A P 鲁利亚著(1983). 神经心理学原理. 汪青,邵郊,王甦译. 北京:科学出版社,78~79
Smith E E (2002). 把认知神经科学融入认知心理学. 见:R Solso 编,朱滢,陈烜之译,21 世纪的心理学与脑科学. 北京:北京大学出版社,67~87
Tulving E (1998). 记忆. 见 M S Gazzaniga 主编,沈政等译,认知神经科学. 上海:上海教育出版社,429~430.
朱滢 (1993). 启动效应:无意识的记忆. 见:王甦等编著,当代心理学研究. 北京:北京大学出版社,37~67
〔美〕H E Garrett 著(1934). 心理学上几个重大实验. 朱镇苏等译. 上海:中华书局
赫葆源,张厚粲,陈舒永 (1983). 实验心理学. 北京:北京大学出版社,68~69
荆其诚,焦书兰,纪桂萍 (1987). 人类的视觉. 北京:科学出版社
In-mao L, Ying Z & Jei-tun W (1992). The long-term modality effect: in search of differences in processing logographs and alphabetic words. Cognition, 43(1): 31~66
Plutchik R (1983). Foundations of Experimental Research. New York: Harper & Row
Simon H A (1974). How big is a chunk? Science, 183: 482~488
Tulving E (1983). Elements of Episodic Memory. New York: Oxford University Press, 73

4

实验研究中的取样

科学研究的目的在于寻找事物的普遍规律。例如,我们做小白鼠跑迷宫的实验是为了发现"学习的规律";市场调研者使用小部分家庭表达的爱好去为几百万顾客使用的新产品定产量指标。但是,少量被试的结果怎么可能导致普遍的结论呢?原因很简单,规律或概括性必须基于适当的取样(sampling)。

Plutchik(1983)强调,情景与问题(problem)的适当取样最终可能比被试(subject)的取样更为重要,因为就整体而言,个体(individual)可能比不同的情景更为类似。Arderson(2001)对样本与普遍性(sample and generality)的关系作了深刻的分析。他指出,所有科学推论都基于样本,而统计理论要求的随机样本实际上十分罕见。因此,科学推论主要是超统计的(extrastatistical)。而统计推论(statistical inference)必须要整合到超统计的推论中,才能发挥真正的作用。而超越统计的推论强调,实验研究中的取样有不同的层次,被试样本仅是其中之一;其余的包括物种样本(organism)、刺激样本和任务-行为样本(task-behavior)。可以认为,任何一项实验实际上就是在被试、刺激、实验条件和测量等方面所选择的一个样本,实验的优劣就是在这四方面选择样本的结果,选取不当会影响结果的普遍性。上述思考与 Roediger(2002)强调的记忆实验的四面体模型的思想是一致的,它强调只要在四面体的四个维度上的任何一个有所创新,实验结果就会有新意(见第 1 章)。

一、全体与样本

"全体"(population)一词用来归类(catalog)、显示(display)或表征(index)所有可能的成员。全体可能是无穷尽的,可以是真实的也可以是假设的。例如,全体可以是某一班级学生的数目、某 10 年内精神病院入住的病人总数、人类能听到的声音频率的全部范围、北京大学图书馆的全部藏书、广州市的所有家庭,或某一人格特质(勇敢)的所有表现,等等。在研究中我们从全体中选择样本,样本就是全体的一部分(subset),如果选择适当它能准确地描述全体。换句话说,作为概括的基础的数据必须来自适当的样本。而适当的样本又必须从全体中随机(random)挑选出来,随机意味着真实或假设的全体中每一成员都有同等机会被选中。

二、被试样本

被试样本(sample)可以分为两类:随机样本(random sample 或 probability sample)和方便样本(handy sample 或 convenience sample)。随机样本是按照统计学要求从总体中挑选出来的,在一项具体的实验中,随机样本从总体挑选出来的概率是被清楚规定的,例如,从总体——某个班级48名学生中挑选一个样本——10名学生,全班学生每人被挑选进样本的概率是相同的。方便样本不是按统计学要求挑选的,如,在大街上挑选200名首先遇到的人,他们愿意参加访谈。方便样本的代表性(representativeness)无从估计。

(一) 随机样本的取样方法[①]

有四种随机样本的取样方法,它们是:简单随机取样(simple random sampling)、系统取样(systematic sampling)、分层取样(stratified sampling)和群集取样(cluster sampling)。

1. 简单随机取样

简单随机取样的原则是,给全体中的每一样本成员(sampling unit)以同样的和已知的概率选入样本。最简单的例子就是扔硬币:正反面出现的概率同为50%。如果全体是50389名合法的投票者,一个简单随机样本包括1800人,那么,每名投票者选入样本的概率为 $1800/50389 \approx 0.0357$。研究者通常使用计算机产生随机数字表或利用现成的随机数字表抽取样本。

2. 系统取样

假设你要从35000人的全体中按系统取样的方法选取一个700人的样本,你首先确定取样间距 $35000/700 = 50$,这样,你挑选每一个相间50的人组成样本。第一个人是从随机数字表随机挑选的,比如是14,那么,余下的人就是64,114,164,214,等等。当全体的数目很大或者选取的样本量很大时,系统取样比简单随机取样更方便,而且,它更适合初学者使用。

3. 分层取样

在许多情况下,实验者对某一全体已有一些了解。例如,知道某群体男女比例

---

① 参考 Nachmias C F & Nachmias D (1996). Research Methods in the Social Sciences. New York: St Martin's Press, 183~193

的分布以及年龄、种族的分布。这样，性别、年龄和种族就被视为全体的层次，如果按照每个层次与全体的比例抽取随机样本，这样的样本就称为分层随机取样。例如，某大学新生人数是高年级学生的两倍，随机抽取的全体学生的样本中新生数应该是高年级学生的两倍。分层取样的优点在于，抽取偏离样本的概率少一些，因而增强了样本的代表性，从而获得的数据可以比简单随机取样更精确地去估计全体。当然，分层取样要求研究者对某一全体有一定的知识。

4. 群集取样

群集取样首先选取大的群集或团体，然后从这些群集中再选取样本成员。群集是通过简单随机取样或分层取样的方法挑选的。假设某研究的目的是了解某城市各选举区域的成人的政治态度。首先，我们可以随机挑出一些选举区域或行政区域(第一阶段的群集取样)。其次，在每一区域随机挑选出一些街区(第二阶段的群集取样)。最后，访谈这些街区的所有成年人。如果在每一区域我们使用简单随机取样的方法挑选成年人，这就是第三阶段的群集取样。因此，群集取样又称区域取样(area sampling)。城市、县区、街道、公寓或者大学、系、班级都是自然的群集或区域。

(二) 方便取样

统计理论的基础是假定所观察到的数据来自随机样本，即某一全体中每一成员都有同等机会被选中的样本，实际上，这样的随机样本是很难实现的。例如，心理学实验的被试多半是大学生，他们就不是随机的样本。在一个学校(如北京大学)里，他们不是随机样本，研究者要么指定上"普通心理学"课程的某一班级学生为被试，要么征求志愿被试；在中国他们不是随机样本，在全世界他们更不是。动物样本也不是随机样本，猴子要么是实验室饲养的(所有的动物实验都用这几只)，要么是向其他实验室借一只来用；小白鼠是从公司买来的，打电话就送过来，也算不上随机样本。如此，心理学实验的样本实际上是按方便原则得来的，称为方便样本。那么，统计理论怎么可能应用到方便样本上呢？我们来看看Anderson(2001)的回答：

"统计理论的基本原则假定，观察到的数据来自定义良好的全体中的随机样本。但实际的样本几乎都是来自定义不良的全体中的方便样本。统计理论怎样能应用到方便样本上呢？

答案就是随机化(randomization)——随机地把被试分配到实验条件上。随机化允许统计推论从样本数据推测到定义良好的全体，即将被试以所有可能的随机方式分配到实验条件上的总体。统计上显著的结果表明，观察到的效应不限于我们应用方便样本进行的一种随机分配，而是也适用于绝大多数其他的随机分配。如此,我们就合理地拒绝了零假设,因而判定,方便样本的结果是真实的。

统计推论并没有改变方便样本本身。这种局限性看起来不能让人满意,但通过随机地把方便样本的被试发配到实验条件上,我们就可以应用统计推论,这是一个了不起的成就。此外,它加深了实验金字塔中超统计的判断的重要性,并有助于避免统计推论与超统计推论的混淆。方便样本数据确立的差异的真实性为超统计的推论提供了坚实的基础。

如果不随机地把被试分配到实验条件上,统计学不能控制来自实验外的差异造成的混淆。而一项显著性检验可能仅仅反映了这些实验外已存在的差别。没有随机化,方便样本的显著性水平的结果并不代表真正的处理效应。"

统计推论虽然局限于使用的方便样本,但它为超统计的推论(科学推论主要是超统计的推论)提供了扎实的基础。例如,陈霖等人(Chen, et al, 2003)证明,蜜蜂能分辨不同拓扑结构的图形,这是对实验中的蜜蜂这些"方便样本"的数据进行统计检验得到的结论。以此为基础,人们不仅推论全世界的蜜蜂都能分辨拓扑结构,而且人们还可以设想,既然蜜蜂小小的脑子都能够分辨拓扑结构,那么有理由相信,拓扑知觉对包括人类在内的所有视觉系统来说都是基本的。

(三) 志愿者被试与实验者作为被试

志愿参加心理学实验的大学生在人格、动机与反应倾向上与非志愿的大学生被试可能不同。例如,感觉剥夺实验的志愿被试更愿意寻求惊险而不怕惹麻烦,心理上较一般人更健全些,他们也可能急需用钱(感觉剥夺实验报酬较高);实验研究有时要间隔一天或一周,重复进行,这时志愿被试可能会流失。问卷调查也有类似的情况,因而回收率不高。在回收率不高的情况下,如果还要匹配被试的年龄、受教育程度等因素,那么,实际上最初的志愿者样本就会大大减少。

实验研究中有研究者(researcher)与实验者(experimenter)的区别。研究者主持研究,提出研究构想与实验设计等,而实验者则是具体操作实验的人,直接与被试见面。许多研究者报告,实验者的个人特征(如性别、年龄、种族以及人格特点)会影响实验的结果。例如,有项研究想要发现医生是否对从前的精神病人提供类似于对正常患者一样的服务,于是一个23岁的男研究生头戴摩托车头盔,背上背包去与32位医生见面。他对16位医生叙说他的溃疡症状,那是他在国内旅行时患的;而对另16位医生说,9个月前他住精神病院时患上溃疡。结果表明,在两种情况下医生治疗溃疡的处方是一样的。这项研究的缺点是被试只有一个,即23岁的男研究生。我们不知道如果实验者是女性,结果会是怎么样。如果实验者是中年人,结果又会怎么样。因此,我们难以相信这项结果的真实性(Plutchik,1983)。Anderson(2001)指出,在教学法的研究中最好避免一种教学法只有一名教师做实验的现象,其他领域,如咨询方法、心理治疗方法和行为矫正方法的研究也应如此。因为只有一名教师、一名辅导员或一名治疗员作的研究的结果虽然有用,但局限性较大。

(四) 人类群体的多样性

上面提到心理学实验大多数使用大学生作被试,虽然随机分派被试到各实验条件中的做法保证了统计检验的可靠性。但是,心理学家对忽视其他人类群体作被试或仅用小白鼠代表动物的做法提出了批评。国际跨文化心理学协会主席 D. B. Smith(2004)批评主流心理学(mainstream psychology)仅仅根据人类被试的一小部分的取样,就抽取关于人类本性普遍不成熟的结论。社会心理学家 Taylor 也发现:"1960年以前所发表的社会心理学研究是基于广泛的社会群体作为研究对象和多样化研究切入点的。1960年以后,其实证基础逐渐局限于对大学生的研究,研究方法多属于在实验室里要求被试完成的一些类学术性的任务。……在《美国人格与社会心理学》杂志(Journal of Personality and Social Psychology)的两个部分中,依赖大学生群体进行研究的情况已有所改观,完全使用大学生的研究,在人际关系和群体过程研究中占大约78%,而在人格过程与个体差异研究中大约为65%～70%。……在态度和社会认知部分,单纯使用学生被试的研究在论文数量上有所增长,从5年以前的80%变为现在(1998)的接近97%。这也许是因为现在大多数的文章都包含多重研究(据一项最新的统计,平均每篇文章2.63项),而研究者难以找到大学生以外的其他人参与对单一现象进行的多重调查。大学生参与的实验室研究对于心理学的进步有着不可否认的贡献,它使我们能够进行精确的实验研究,积累了丰富的知识。但是,依靠这一种方法,而对别的方法和人群的样本弃置不用,似乎并不明智。"(Taylor,杨宜音等,2003)。

这些批评的正确性依心理学不同领域而有所不同。一些人类被试的知觉实验,通常只有2～3名被试,但只要统计推论可靠,人们相信(即超统计的推论)类似的结果会在世界任何其他地方重复。但关于语言或社会态度的实验研究,其超统计的推论的可信度就会大大降低。2005年《科学》杂志上的一篇文章"国民性格并不反映49种文化中平均的个性品质水平"(Terraciano, et al, 2005),可以说是反映了社会心理学家对收集多种人群样本数据的重视。

三、物种样本

从生物进化的观点看来,物种之间存在着一定的类似性(cross-species generality)。Mendel 以豌豆实验开创了遗传学的研究;果蝇长期以来因其清晰的遗传和发育背景、多样化的行为学范式、脑的适度复杂性以及快速的繁殖,而成为研究学习记忆的遗传、分子、细胞机制的重要模式动物(王顺鹏等,2003);巴甫洛夫以狗为实验动物建立起来的条件反射学说对人类心理学影响深远,条件反射实验的方法至今在研究动物学习的神经机制的实验室中广为采用;小白鼠更是流行的实验动物,因为它强壮、个子小、易操作以及它与人类在动机与学习方面的类似性。总之,豌豆、果蝇、狗、小白鼠等统称为模式生物,它们的遗传结构相对简单,又容易获取,因此,通过对模式生物的研究来了解生命本质已成为生命科学研究中的一条重要原则。有人认为,"今天生命科学的巨大成绩与模式生物所发挥的作用有着直接的因果关系"(江虎军,2005)。

上面提到,陈霖等人(Chen, et al, 2003)曾经以人类被试进行过大量的关于拓扑知觉的实验,他们 2003 年发表的实验报告表明,蜜蜂也能分辨不同拓扑结构的图形。这样,研究者就在最高等的动物——人类的视觉系统与低等动物——蜜蜂的视觉系统之间,找到了一样共同的东西:分辨拓扑结构。Wright 等人(Wright, et al, 1985)以鸽子、猴子与人为被试,研究了人类记忆过程的一个基本现象:U 形的系列位置效应,即最早呈现的几个项目(首因效应)与最后呈现的几个项目(近因效应)比中间呈现的项目记得更好。结果发现,三类被试都表现出了类似的系列位置效应,即学习完毕立即测验都没有首因效应;学习完毕中等延迟测验都出现了 U 形曲线,即既有首因也有近因效应;较长的延迟后测验都导致近因效应消失。但三类被试的结果还是有差别的:对于鸽子,延迟 10 秒后测验近因效应消失,猴子是 30 秒,而人类是 100 秒。这些差别对理解动物认知过程是很重要的。动物的时间尺度比人类的要更为压缩,这种时间尺度的差别是数量上的,而三者在 U 形曲线上类似的动态变化则反映了质的类似性。Craik 从生态学的角度指出,要问鸟、白鼠或人谁有最好的记忆并不明智,因为每一种物种就其"自然的"任务来说,都有不俗的表现。这一观点与第 11 章叙述的 Tulving 关于自然进化与记忆的多重系统的关系的论述是一致的。老虎有"大五人格"吗?动物个性(animal personality)的研究能应用到人类身上吗?Gosling(2001)在他的综述中详细说明了个性研究的比较途径。

生物既然是进化的,那么物种之间的差别必然存在。Gazzaniga(Waldrop, 1993)指出:"全美国的心理系都已认识到,他们必须研究脑科学——研究人类的大脑,而不仅仅是老鼠的大脑。"认知神经科学理论概念以及脑成像技术的产生,使研究人类的大脑不仅是必须的,也是可能的。

四、刺激样本

　　实验研究中使用不同的刺激会得到类似的结果吗?如果是这样,这表明该结果适用范围广泛,十分可靠,例如,Tulving(2002)提出的情景记忆编码/提取半球不对称模型(即 hemispheric encoding/retrieval asymmetry model, HERA),不仅适用于语言材料也适用于图形、面孔等非语言材料。如果使用不同的刺激得到不同的结果,那么研究者就可以从中学到新东西来指导自己的研究。例如,关于自我的脑成像研究发现,正常被试对人格形容词作出是否适合描述自己的判断,通常激活内侧前额叶(BA10 和 BA9),而如果正常被试对自己与陌生人的合成照片(morphing)作判断,那是不是自己? 通常激活右侧海马、扣带前回,左侧前额叶和颞上回等脑区。这表明识别面孔的自我(知觉的自我)与反映自我的内心世界("我是不是勤奋的?")并不相同,因而自我是一个多面体(Zhu,2004)。上述两种情况都表明,实验研究的结果依赖刺激材料就像依赖其他实验变量一样。

　　如果有标准刺激可用,实验中应选择标准刺激。如舒华等人(1989)曾对大象、扣子、椅子等 255 个图形的命名一致性、熟悉性、表象一致性和视觉复杂性评定作过研究,因此,使用这些图形作刺激可以排除许多混淆,免去许多争论。

　　随机图形可以作为学习与记忆的标准材料。杨博民(1989)给出了一个简单的产生随机图形的规则:先在随机数字表上读两个数字作为一个点的坐标,在坐标纸上画一点,再用同样的方法在随机数字表上顺次读几对数,画几个点,然后将各点用直线连接起来,形成一个封闭的多边形。

　　Plutchik(1983)描述了 Chapanis 1965 年关于定义颜色全体的研究,即有多少颜色名称可以用来描述我们所看到的颜色? 或者说,描绘颜色"空间"或颜色经验所需要的颜色名称的全体是什么? 如果我们能够定义颜色名称全体,我们就能够为任何一项颜色研究取样。Chapanis 的做法是,首先从标准的《国家颜色词典》选取一系列颜色名称,并且每种颜色名称又添加诸如"浓的"(strong)、"纯的"(pure)、"黑的"(dark)、"灰的"(pale)等修饰词,这样,一共得到 233 个颜色名称。然后,从《孟塞尔颜色图谱》(Munsel Book of Color)获得了 1359 种颜色纸片,这些颜色样本在灰度(hue)、亮度(brightness)和浓度(saturation)上均加以变化。被试的任务是,按照颜色名称(如"淡的紫色")去匹配摆放在大桌子上的颜色纸片,共有 40(男女各半)名被试,每人匹配 40 次。分析匹配结果的一致性程度发现,有些颜色名称(如紫红色(purple)与紫罗兰色(violet))常常混用,而且,混合色(如黄绿色和绿黄色)常常不能分辨。最重要的发现是,需要用来描述 1359 种颜色的颜色名称大约是 55 个,这样,这 55 个颜色名称指向的颜色就够成了一类颜色刺激,任何颜色知觉的实验都可以从中取样。而且,确定颜色名称全体的大体步骤也可应用于其他问题。

用颜色名称匹配颜色刺激(颜色纸片),实际上是对颜色刺激的思考,因为我们是用言语思考的。这样,1359/55 就意味着,平均一个颜色名称对应 25 种颜色变化;在心理物理学中,数量估计法所用刺激强度在 5.7 个对数单位内变化,而被试给出的数目反应则在 1.27 个对数单位内变化,换句话说,被试用 1.27 个对数单位内感觉的变化来反映 5.7 个对数单位刺激强度的变化。这样,5.7/1.27 就意味着,平均一个感觉对应 4.5 个刺激强度。对比 25 种颜色刺激与 4.5 个刺激强度,我们可以理解,思维能概括、反映的刺激比感觉能反映的刺激多得多。

有时选取新异刺激,会使实验获得突出的效果。如为了防止记忆的天花板效应,可以使用万花筒里的图案或雪花作记忆材料。Schacter 等(1990)使用"可能"(实际上可能存在的物体)和"不可能"(现实世界不可能存在的物体)的刺激图形(图 4.1)进行启动效应的实验。结果表明,启动效应只存在于可能物体,不可能物体不存在启动效应。这些结果为知觉表征系统的存在提供了强有力的支持。罗劲(2004)在进行顿悟的大脑机制的脑成像研究中,采用传统谜语、顿悟式谜语和"脑筋急转弯"问题作为刺激材料,对百年来科学家与普通民众感兴趣的问题"人脑是怎样产生'顿悟'或者'灵感'的"第一次尝试予以回答,取得了令世人瞩

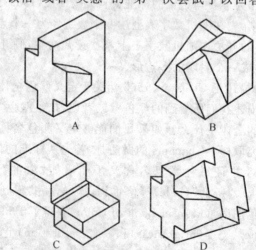

图 4.1 "可能物体"与"不可能物体"示例(Schacter, et al, 1990)
A 与 B 为"可能物体",C 与 D 为"不可能物体"。

目的发现。谜语材料不同于传统顿悟问题所使用的蜡烛问题、九点问题、双绳问题和水罐问题等使用的材料,它有以下优点:(1)能重复使用,可以满足事件相关 fMRI 和 ERP 实验的重复刺激的叠加要求。(2)谜语隐含着谜底,即一个关键性概念,符合顿悟式问题突然解决即"恍然大悟"的特点。(3)向被试呈现谜语的标准答案,的确能使没有答案或尝试错误的被试产生"啊哈"(恍然大悟)的效应(罗跃嘉,2004)。

Morris 和 Kaiping Peng (1994) 在"文化与归因"的研究中使用鱼群卡通(见图 4.2)做刺激材料,首次获得了文化差别对归因影响的较纯净的测量。以往研究归因,例如,通常是美国人对他们熟悉的美国人行为作为归因,印度人对他们熟悉的印度人行为作归因,文化的差别与归因对象(熟人)的差别就可能会混淆起来。而代表社会事件的鱼群卡通本身对西方文化(如美国人)和中国文化(中国人)来说是中性的,美国人和中国人从鱼群卡通"看出"不同的事件(关系),这正是不同文化投射的结果。

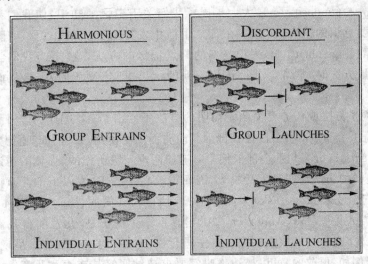

图 4.2　鱼群卡通示意图

五、实验条件样本

实验条件指自变量,因此实验条件样本就是指选取多少自变量以及每一自变量的取值问题,这一问题已在第 3 章中讨论过,其基本思想就是,多价实验和参数实验优于二价实验,因为它们增强了自变量的样本从而增强了结果的普遍性。

六、测量样本

实验的最后一关是测量被试的反应,我们怎样选取测量的方法呢?这就是测量样本的问题。有下列几条原则可作为测量样本选取的参考。

(1)避免只使用单一测量,提倡运用多种测量方法。因为心理现象通常是很复杂的,只使用单一的测量就意味着对该现象提供很差的样本,即失去概括性。例如,自我面孔识别、自传记忆与自我参照效应都是测量自我的方法。虽然这三方面已各自形成相对独立的研究领域,但是,要讨论一个统一的自我(unitary self),任何一方面只是自我的一部分。进一步说,三方面中任何一方面也都可以细分为许多具体的方法。例如,关于自我面孔识别,包括镜像测验(mirror self-recognition,猩猩和人类幼儿使用这种方法)、在注意与非注意条件下判断自我面孔或他人面孔的朝向、使用 Morphing 技术合成面孔,等等。又例如,在记忆的研究中由于使用了内隐测验(implicit test),大大扩展了我们关于记忆的知识,使我们认识到存在着不需要意识的记忆,而且它在日常生活中发挥着巨大的作用。内隐测验相对于外显测验(explicit test)来说是新的测量记忆的方法,这样,当我们尝试用一种新的测量方法时,常常会获得预想不到的结果,即导致新的发现,从而导致新的观点。

(2)测量方法或任务要简明。简明的方法不易出错并易于理解,因而加强了结果的可信度。例如,小白鼠按杠杆因其简明而广泛使用。又例如,道德判断的阶段理论(stage theory)几乎全部依赖于对道德两难问题所作的、强化的访谈所获得的资料,这样的访谈与实际生活脱节,因而很难在 10~12 岁以下的儿童使用。如果使用责任任务(blame task)来测量道德判断,因其简明性可应用于 4 岁儿童。责任任务方式见图 4.3(Anderson, 2001)。再一个例子是,儿童的自我参照效应通常应用文字材料按照成人的实验方法进行。例如,自我参照就是,呈现"这个人格形容词(例如,勇敢的)可以描述你吗?"要求被试回答是或否。儿童由于难于理解实验要求,自我参照效应常常不易出现,通常,西方儿童 6 岁或 8 岁才有自我参照效应。隋洁等(2005)改进了自我参照效应的测量,用儿童被试的头像作为自我参照,要求记住与被试头像一同呈现的实物图画(如苹果),实验完毕,让儿童口头说出图画名称。实验结果表明,中国儿童 5 岁已具有自我参照效应,即自我参照记住的图画显著多于他人参照(不认识的小孩头像与一个实物图画)记住的图画。Gallup 使用镜子作为工具研究猩猩的自我,后来这一简明的镜像测验被应用于检查人类幼儿的自我觉知(Keenan, et al, 2003)。

(3)使用敏感的指标进行测量。自我参照效应研究的早期,人们通常使用正

	损害程度			
	A	B	C	D
恶意	7	10	12	13
被迫	5	8	10	11
偶然	2	2	2	2

图 4.3 责任任务示意图

在一个假设的情景中,小孩对粉刷好了的房屋造成了 A、B、C、D 四种不同程度的损害。被试根据损害程度和小孩行为的有意程度,给出责任分数。

确再认率作为测量指标。1995 年 Conway 等人采用 Tulving 首创的带 R/K 判断的再认测验来测量自我参照效应,取得很好的效果(Conway, et al, 1995)。例如,表 4.1 显示,自我与语义条件正确再认率无差别(0.90 与 0.91),但自我在 R 上显著高于语义(0.72 与 0.53),这表明,被试在自我条件下再认时伴随着更多的回忆经验,而在语义条件下伴随的回忆经验较少。

表 4.1 作为定向任务函数的反应概率

定向任务	再认率	R	K
自我	0.90	0.72	0.18
John Major	0.71	0.42	0.29
语义	0.91	0.53	0.38

引自:Conway et al, 1995, experiment 3

(4) 利用已有的常用的测量方法也很重要。这可以使你的研究与目前大家研究的问题与大量的文献联系起来,而不必在方法上担心有什么不妥。

七、不同样本之间的差别

我们进一步要问,样本的概念在被试身上与在刺激、实验条件和测量上有何差别?应该说,刺激、实验条件与测量上的样本问题比被试的样本问题更难处理,因而更加重要。被试之间相对一致,而且,还有一些现成的方法可用,如随机数字表、分层取样、群集取样等;而在刺激、实验条件和测量上,这三方面自身的差别极大,并没有什么现成的方法可用,需要仔细挑选。因而在这三方面选取样本不是随机选取,而是深思熟虑的结果,是科学研究经验积累的结果。

参 考 文 献

Roediger H L & Meade M L (2002). 记忆过程. 见:K Pawlik & M R Rosenzweig 主编,张厚粲主译,国际心理学手册(上册). 上海:华东师范大学出版社,158~184

Taylor S E 著(2003). 社会心理学中人的社会所在. 杨宣音,康庄译. 社会心理研究,4:53~64

王顺鹏,唐世明,李岩,郭爱克(2003). 果蝇在抉择过程中的行为修饰. 中国科学(C辑),33(2):182~193

江虎军(2005). 生命科学基础研究要融入国际主流. 中国科学基金,1:22~26

罗劲(2004). 顿悟的大脑机制. 心理学报,36(2):219~234

罗跃嘉(2004). 揭开顿悟奥秘的一道曙光. 心理学报,36(2):238~239

杨博民(1989). 心理学实验纲要. 北京:北京大学出版社,64

Plutchik R (1983). Foundations of Experimental Research. New York:Harper & Row

Anderson N H (2001). Empirical Direction in Design and Analysis. NJ, Mahwah:Lawrence Erlbaum Associates

Chen L & Zhang S W, et al (2003). Global perception in small brain:topological pattern recognition in honeybees. Proceedings of the National Academy of Science,100:6884~6889

Conway M A & Dewhurst S A (1995). The self and recollective experience. Applied Cognitive Psychology,9:1~19

Gosling S D (2001). From mice to men:what can we learn about personality from animal research? Psychology Bulletin,127(1):45~86

Keenan J P (2003). The face in the mirror:the search for the origins of consciousness. New York:Harper Collins Publishers

Morris M W & Peng K (1994). Culture and cause:American and Chinese attributions for social and physical events. Journal of Personality and Social Psychology,67(6):949~971

Schacter D L & Cooper L A, et al (1990). Implicit memory for unfamiliar objects depends on access to structural descriptions. JEP:General,119:5~24

Smith P B (2004). Who are we, where did we come from and where are we going? In:G Zheng, J Ren & L Hua (Eds), The Book of Abstracts. XVII International Congress of the International Association for Cross-Cultural Psychology, Xi'an, China (unpublished)

Sui, J & Zhu Y (2005). Five-year-olds can show the self-reference advantage. International Journal of Behavioral Development,29(5):382~387

Terracciano, et al (2005). National character does not reflect mean personality trait level in 49 cultures. Science,310:96~100

Tulving E (2002). Episodic memory:from mind to brain. Annual Reviews of Psychology 53:1~25

Waldrop M M (1993). Cognitive neuroscience:a world with a future. Science,261(24):

1805~1807

Wright A A & Santiago H C, et al (1985). Memory processing of serial lists by pigeons, monkeys, and people. Science, 19: 287~289

Zhu Y (2004). Neuroimaging studies of self-reflection. Progress in Natural Science, 14 (4): 296~302

5

统计显著性检验

"统计学是数学的一个分支,它在实验研究的实践中是一个强有力的工具。统计学的方法基本上就是处理反复测量得来的信息的方法。概率理论为统计学的思考提供了基本的框架,一般说来,它的目标是对某些结果从长远观点看有可能发生的频率作出预测。统计学有助于作出似乎合理的但不是必然发生的实验结论。它给予我们一些方法在不确定情况下作出聪明的决策。有些统计学家提出,统计分析像是赌博或结婚,因为它是在不完全的信息基础上作出重要决定的。"(Plutchik,1983)

虽然统计分析在心理实验研究中是一个十分重要的工具,但心理学杂志中对应用统计显著性检验从 1970 年以来就存在激烈的争论,以至美国心理学会(American Psychology Association,APA)2000 年 8 月在《美国心理学家》杂志(American Psychologist)发表近 30 页的长篇文章,评述了有关争论并对在心理学杂志上发表的文章中所用的统计方法部分提出了详细建议(李伟明等,2001)。鉴于这些情况,我们基于 Anderson(2001)的有关论述,围绕统计显著性检验讨论如下一些问题:统计显著性检验的逻辑;零假设的逻辑;实验效果大小的测量;统计显著性检验的基本缺陷;评价实验研究的基本原则;增强统计检验能力的一些方法。

一、统计显著性检验的逻辑

统计显著性检验评估某些观察到的差别对真正的差别来说是不是合乎逻辑的证据。经典的例子涉及实验组(experiment group,E)与控制组(control group,C)的比较,被试随机分配到两个组,然后施加处理、测量反应,问题在于 E 是否优于 C。暗含在这个问题中的是样本——总体的区别。观察到的平均数仅仅是样本的结果,它不足以表明,E 组观察到的平均反应高于 C 组,因为在样本中这很可能是随机发生的。因此,问题就变成 E 组更高的反应是否可靠。

这个信度的问题是由统计显著性检验来回答的。通过样本数据的分析,显著性检验告诉你在样本中观察到的差别对真正差别来说是不是合乎逻辑的证据。

通过样本数据来推断总体的基本困难在于个体差异(individual difference)的存在,因任何任务中有些被试做得好些,有些被试做得差些。随机分配被试到 E 组和 C 组并不能保证两组完全一致,这样,机遇本身就能产生样本平均数之间的差别。除非排除机遇的作用,否则我们不能推断出实验处理真有效果。

显著性检验的想法是直截了当的。样本平均数之间的差别可能由机遇本身造成;相反,大的差别不可能由机遇产生,但可能是真正的差别。如果观察到的样本差别"足够大",我们就推测存在着真正的效应。

显著性检验"足够大"的概念可以用下式表达:

$$测验比例(F) = \frac{观察到的差别}{机遇差别} \qquad (5.1)$$

如果测验比例大致为1,这说明观察到的差别是由机遇造成的,不存在真正的差别。如果测验比例大于1,这说明观察到的差别大于机遇产生的差别。如果测验比例"足够大",我们就可推断存在真正的差别,这就是显著性检验的逻辑,这一逻辑同样可以运用到两组以上的比较中。

那么,多大才算是"足够大"呢?将公式(5.1)变成公式(5.2),我们就对这个问题有一个数量上的回答:

$$F = \frac{组间变异}{组内变异} \qquad (5.2)$$

公式(5.2)中每一个组内的变异(variance)就是机遇差别,它主要是个体差异。既然每一条件下得到的处理是一样的,那么,在每一条件中观察到的差别就反映了个体差异。公式(5.2)中的组间变异就是观察到的样本平均数的差别。如果不存在真正的差别,组间变异就是机遇造成的如同组内变异一样,那么,测验比例就大致为1。任何真正的效果使得样本平均数的差别大于由机遇产生的差别;真正的效果愈大,组间的变异愈大。总之,显著性检验比较组间的变异同组内的变异(variability within groups),比较的结果就是 F。如果实验结果的 F 值大于某些设定的 F 临界值,那么,各实验条件之间的差别就"足够大",可以证明存在真正的效果。注意,公式(5.1)与公式(5.2)表达的就是显著性检验的逻辑。

二、零假设的逻辑

显著性检验包含零假设,即样本平均数之间不存在差别——不存在真正的效果。零假设(H_0)宣称,机遇本身(随机概率)就能造成样本平均数之间的差别。相反,心理实验开始之前 研究者提出的实验假设(H_1)宣称,除了机遇的效果还存在着真正的效果。为了接受实验假设,有必要(虽然还不是充分地)证明,机遇本身造成的差别不可能有观察到的差别那么大。这样,显著性检验就成了对零假设的检验(零假设显著性检验,null hypothesis significance testing,NHST)。零假设的逻辑就仿佛我们设置一个假想的假设(straw hypothesis),如果后来能推翻它(拒绝它),我们的实验假设就被接受了。Gauch(2005)认为,统计学家 J. Neyman 和 E. S. Pearson 修改和发展了 Fisher 的思想,强调的是证伪(排斥、拒绝),而不是接受或者证明假设为真。与此同时,著名的科学哲学家 K. Popper 爵士提出了一个以证伪为方法的科学标准,即对一个理论的真正检验是设法证明它是谬误的,即证伪(falsify),可检验性即可证伪性。Popper 的观点与统计学家强调的思想是一致的,这导致了从事实验研究的大部分科学家都接受统计显著性检验的思想,而不是贝叶斯统计理论。

按照显著性检验的思想,对零假设的检验就是对实验假设的检验。例如,实验假设认为,新的学习方法比原来的学习方法更有助于记忆,或者原来的学习方法比新的学习方法更有助于记忆。而零假设则认为,这两种学习方法没有差别,即便样本平均数之间有差别,也是机遇造成的。对零假设的检验是怎样进行的,参见图 5.1。

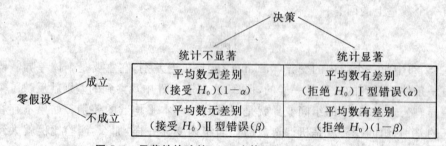

图 5.1　显著性检验的 2×2 决策图(Anderson,2001)

图 5.1 表示了假设的四种可能的情况,零假设可能成立,也可能不成立,经过统计检验,这个零假设可能被接受,也可能被拒绝。如果接受了一个真的零假设(零假设成立),或者拒绝了一个假的零假设(零假设不成立),那么,研究者的推论就算成功了,因为拒绝了一个零假设就等于是说接受了另外一个假设即实验假设。的确,从图 5.1 我们清楚地看到,显著性检验就是对零假设的检验,只有零假设被推翻,实验假设才能成立,这就是统计学家的证伪的思想。

每一决策依赖零假设是否成立而产生一个好的结果和一个坏的结果。其中 α 表示 I 型错误,即零假设成立,但由于各种误差使统计检验达到显著水平,因而下结论说平均数之间有显著差别;换句话说,研究者侦察到不存在的实验效应。β 表示 II 型错误,即零假设不成立,但由于各种误差使统计检验达不到显著性水平,因而下结论说平均数之间没有显著差别;换句话说,研究者未侦察到存在的实验效应。

图 5.2 是 F 比例的两个样本分布,它与图 5.1 是完全一致的。图 5.2 中 $H_{0,\text{true}}$ 的分布对应于图 5.1 中的上半部(即零假设成立时)的情形。$H_{0,\text{true}}$ 分布中 $F_{0.05}$ 竖线左边的面积就是图 5.1 中的 $1-\alpha$,$F_{0.05}$ 竖线右边的面积就是图 5.1 中的 α;图 5.2 中 $H_{0,\text{false}}$ 的分布对应于图 5.1 中的下半部即零假设不成立时情形。$H_{0,\text{false}}$ 分布中 $F_{0.05}$ 竖线左边的面积就是图 5.1 中的 β,$F_{0.05}$ 竖线右边的面积就是图 5.1 中的 $1-\beta$。如果 $F_{0.05}$ 竖线向左移动,$1-\beta$ 将变大;同时,付出的代价是 α 也变大。

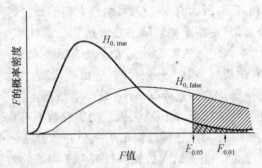

图 5.2 F 比例的两个样本分布:$H_{0,\text{true}}$ 和 $H_{0,\text{false}}$(Anderson,2001)

用图 5.2 两个样本分布的思想来表达零假设的逻辑就是,如果我们观察到的 F 值比设定的 F 值(0.05 或 0.01 水平要求的值)大,我们就说它在统计上是显著的,从而拒绝零假设,认为存在着真正的效应。这一决策之所以正确基于以下两点:(1)如果零假设成立,统计上达到显著性水平的 F 值不可能是真的(即使表面上 F 值比设定的 F 值大,那也是 I 型错误)。(2)如果零假设不成立,统计上达到显著性水平的 F 值的概率大于 I 型错误的概率,即 $1-\beta>\alpha$。零假设愈是不成立,统计显著性水平的 F 值愈有可能产生。

三、实验效果大小的测量

在实际工作中,人们常常赋予统计显著性检验不恰当的含义。事实上显著性差别相对来说是小概率事件(rare event),作为来自总体的随机样本的结果,它是很少发生的。通过显著性检验并不表明所发现的差别是重要的,有意义的或有价值的。一项具有显著性差别的结果很可能对我们预测行为一点帮助也没有,而一项达不到显著性差别的结果又很可能掩盖了我们的预测能力。

Plutchik(1983)指出了一些人们对显著性水平常见的误解。有研究表明,研究人员将 0.05 显著性水平的结果称为置信度(degree of confidence)大,而 0.10 的为中等，0.20 的为最小的可信度，大于 0.20 的就无置信度可言了。这样看来，某些研究者将 I 型错误的可能性错当成置信度的标准。杨博民(1989)也指出，当前心理学研究中有一种过分重视 p 值的倾向，甚至达到了对 p 值迷信的地步。只要 $p<0.05$ 或 0.01，就认为实验效果很好，甚至连实验设计是否正确也全然不顾了。其实，所谓 $p<0.05$ 指的就是否定某个零假设，否定错了的可能性小于 5%；而 $p>0.05$ 指的是否定错了的可能性大于 5%。例如，有人提出的零假设是两个实验材料难度相等，当 $p>0.05$ 时，就说明不能推翻这个零假设，因此就判断这两个材料难度相等了。这种判断是很容易发生错误的。要是 $0.05<p<0.06$，就很难说这两个材料难度相等了，因为有 94% 的可能性它们的难度是不相等的。

由于人们很多时候只专注于实验结果是否达到显著性水平，而相对来说忽略了评估实验效果的大小。但评估实验效果大小具有重要意义，因为显著性水平作为实验效果是否存在的指标有时不一定可靠，理由是，显著性水平会受到样本大小(n)的影响。不论两个平均数的差异有多小，只要增加样本容量，就可以使这个差异达到显著水平，在这种情况下，p 值就失去说明实验数据可靠性的作用了。

W. L. Hays 在 1963 年对上述问题提出了一个补救办法。他提出了一个检验实验效果的指标，叫做 ω^2。当被试人数较多且两个平均数的差异已经达到显著水平时，可以再用 ω^2 检验一下，如 $\omega^2 \geqslant 0.14$，则表明已经达到的显著水平是可靠的；如 ω^2 接近 0.06 左右，则可靠性差一些；如果 $\omega^2 \leqslant 0.01$，则已经计算出来的显著性水平，就没有什么可靠性可言了，主要是由人海战术造成的结果。ω^2 的计算公式如下：

$$\omega^2 = \frac{t^2 - 1}{t^2 + n_1 + n_2 - 1} \tag{5.3}$$

公式中的 t 即 t 检验所得数值，n_1 和 n_2 代表两个组各自的被试数目。

Hays 认为，在检验实验结果的大小时，将 p 值和 ω^2 结合起来使用较为可靠。他还进一步指出，当在两个实验中两对平均数的差异很不相同时，经过统计检验得到的两个显著水平可以相同。例如，在一个实验中，两组被试各为 10 人；而在另一个实验中，两组被试各为 100 人，尽管两对平均数各自差异的显著性水平均为 0.05，这两个实验结果的意义却很不相同。每组用 100 名被试的实验，两组平均数的差别可能很小，没有实际意义，而每组用 10 名被试的实验，两组平均数的差别可能大得很多。因此，将两个指标合用来检验实验效果更为可靠。

1969 年 J. Cohen 又提出了另一个检验实验效果的指标，他称之为 d。d 的算法类似标准分数，其计算公式如下：

$$d = \frac{\overline{X}_1 - \overline{X}_2}{S_P} \tag{5.4}$$

式中 $\overline{X}_1$ 和 $\overline{X}_2$ 代表两个样本平均数，S_P 是对总体标准差的估计，其计算公式如下：

$$S_P = \sqrt{\frac{(n_1-1)S_1^2 + (n_2-1)S_2^2}{n_1+n_2-2}} \approx \frac{S_1+S_2}{2} \tag{5.5}$$

式中 n_1 和 n_2 代表每组被试的人数，S_1 和 S_2 代表每一样本的标准差。S_P 也可以用 S_1 和 S_2 的平均数进行近似的估计。

d 这个指标可以看做两个总体分布重叠的程度，但它和重叠程度相反，即 d 值越小，两个分布重叠的程度越大；当 $d=0$ 时，两个分布就合而为一了，也就是 100%的重叠。如果比较的是控制组和实验组两个样本平均数的差别，当 $d=0$ 时，就可以肯定地说这两个样本来自同一个总体。因此 d 值越大，表明实验效果越大。

Cohen 根据两个分布重叠的程度，对检验实验效果大体上规定了三个标准：当两个分布重叠程度大致为 85%，即 d 接近 0.2 时实验效果较小；当重叠程度为 67%，即 d 接近 0.5 时，实验效果中等；当重叠程度减到 53%或更小，即 $d \geqslant 0.8$ 时，实验效果较大。但用 d 的大小作为两个分布重叠程度的测量指标时，必须遵循下列条件：两个样本的大小和离中趋势要相等；两个分布要是正态的。不过对这些条件有些小的违反将不会严重地影响所估计的结果。

在表 5.1 中列出了从 0 至 4.0 的各种 d 值和与它们相对应的两个分布的重叠程度以及它们和 ω^2 的关系。

表 5.1 d 值、两个分布的重叠程度和 ω^2 的对照表

d	重叠程度/(%)	ω^2	d	重叠程度/(%)	ω^2
0.0	100.0	0.00	1.6	26.9	0.39
0.1	92.3	0.00	1.7	24.6	0.42
0.2	85.3	0.01	1.8	22.6	0.45
0.3	78.7	0.02	1.9	20.6	0.47
0.4	72.6	0.04	2.0	18.9	0.50
0.5	67.0	0.06	2.2	15.7	0.55
0.6	61.8	0.08	2.4	13.0	0.59
0.7	57.0	0.11	2.6	10.7	0.63
0.8	52.6	0.14	2.8	8.8	0.66
0.9	48.4	0.17	3.0	7.2	0.69
1.0	44.6	0.20	3.2	5.8	0.72
1.1	41.4	0.23	3.4	4.7	0.74
1.2	37.8	0.26	3.6	3.7	0.76
1.3	34.7	0.30	3.8	3.0	0.78
1.4	31.9	0.33	4.0	2.3	0.80
1.5	29.3	0.36			

d 值和常用的 t 检验有一个很重要的关系:当要求不同的显著水平时,可以用 d 值来估计所需要的样本的大小。H. Friedman 曾列出各种 d 值要达到显著水平所需要的样本的大小,如表 5-2 所示。如果 d 大致为 0.5,为了达到 0.05 的显著水平,两组被试各需 39 人;当 d 为 0.8 时,要达到同样的显著水平,两组各用 15 名被试就行了。这是因为 d 值越大,两个分布重叠的程度越小,从而两个平均数的差别就越大。因此为了达到某一显著水平,d 值越大,所需要的被试人数就越少了。

表 5.2 各种 d 值达到显著水平所需要的两组被试总数

d	0.05 水平	0.01 水平	d	0.05 水平	0.01 水平
0.4	100	200	1.6	11	17
0.5	77	132	1.8	10	15
0.6	56	97	2.0	8	12
0.7	38	72	2.2	8	11
0.8	29	52	2.4	7	10
0.9	24	38	2.6	7	9
1.0	20	30	2.8	7	8
1.2	15	24	3.0	7	8
1.4	13	20			

下面举一个例子说明表 5.2 的用法。假设一个研究者用的两组被试各为 10 人,发现两组平均数的差别不显著。这时他就可以计算一下 d 值,如果 d 值为 0.7,那就说明为了达到 0.05 的显著水平,将被试总数增加到 38 人(即每组 19 人)就可以了。如果计算出来的 d 值很小,即使增加许多被试,勉强达到 0.05 的显著水平,也没有实际意义,研究者就可考虑放弃这个实验了。因此在评价实验效果时,不能只根据 p 值所表明的显著水平,而应将 p 值和 d 值或 ω^2 结合起来考虑 (Plutchik,1983;杨博民,1989)。

四、显著性检验的基本缺陷

即使有 ω^2 和 d 等估计实验效果大小的指标,可以部分弥补显著水平本身的不足,但 20 世纪 90 年代以来,批评者从显著性检验不利于心理学知识的积累等角度,继续对它开展批评。

(一) 一个假设的例子

下面我们以 F. L. Schmidt(1992)的研究为例,继续讨论这一问题。在一项假设的关于特殊剂量药物对学习效果的实验研究中(参见图 5.3),用 d 作为指标计算出来的实验效果为 0.50,按照 Cohen 的定义当 $d=0.50$ 时实验效果为中等。这表明,某特殊剂量药物对学习确实有效。

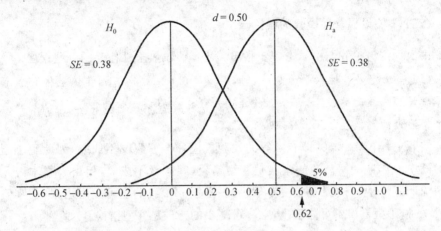

图 5.3 药物对学习效果影响的两种分布(Schmidt,1992)

H_0:特殊剂量药物对学习效果不产生影响,即 $\mu_1 = \mu_2$;H_a:特殊剂量药物对学习效果有提高作用,即 $\mu_1 > \mu_2$(实际在虚构设计中 $\mu_1 - \mu_2 = 0.50$ 个标准差)。所需要的显著性:$d_c = 0.62$(单尾检验,$\alpha = 0.05$),统计检验能力:$P = 0.37 = 1 - \beta$,Ⅱ型错误:$\beta = 0.63$,Ⅰ型错误:$\alpha = 0$。当统计显著性水平定为 $\alpha = 0.05$ 时,由图 5.3 可以看出,它所对应的效果大小 $d_c = 0.62$,即,只有当效果大小达到 0.62 或更大时,才能拒绝 H_0 而接受 H_a。而在本虚构研究中,两总体已有明显差异,即 $d = 0.50$(Cohen 曾定义当 $d = 0.50$ 时,效果大小为中等)。

如果按照统计显著性检验的思想,当我们把显著性水平定为 0.05(α)时,从图 5.3 可以看出它所对应的效果大小为 $d_c = 0.62$,即只有当效果大小达到 0.62 或更大时,才能拒绝零假设而接受实验假设。但是,$d_c = 0.62$ 时,实际的统计检验能力只有 37%($P = 1 - \beta$),即每做一个实验(药物对学习效果的影响),只有 37% 的可能性达到显著水平或检测出实验效果,换句话说,做 100 个类似的实验,有 37 个实验能达到显著差异的水平;而其余 63 个实验被认为是达不到显著水平的。

这样,对比实验效果的说法与显著性检验的说法我们看到了尖锐的矛盾:按照显著性检验衡量,大多数(63%)的实验研究没有(或不会)发现药物对学习有作用,因而下结论说,药物对学习没有作用。或者,承认 37% 的研究中药物有作用,但认为 63% 的研究中药物没有作用。

对显著性检验持批评态度的研究者(Schmidt,1992;Cohen,1994)认为,显著性检验将实验结果一分为二,一部分是达到显著性水平的,而另一部分达不到,从而抛弃了有真正实验效果的实验研究(在我们的例子中就是 63% 的实验研究),这不利于心理科学知识的积累。而且,我们说 37% 的研究中药物起作用,63% 的研究中药物不起作用,因此需要研究药物起作用或不起作用的各种因素;但实际上,药物起作用。因此,显著性检验的思想引导人们去研究不存在的一些变量。

(二)零假设显著性检验的误区

由上面的讨论我们可以进一步指出关于零假设显著性检验的一些误区。

(1) 当选定显著性水平为 0.05 时,在 $d_c=0.62$ 的情况下,传统上将 P 误解释为零假设不成立时的概率,即认为错误率属于 I 型错误。换句话说,认为错误否定某个零假设的可能性小于 5%,即犯 I 型错误。

实际上,当 $d=0.50$(即有中等的实验效应)时,零假设不成立,因此犯 I 型错误的概率为 0,唯一可能犯的错误是 II 型错误(零假设不成立,但由于样本误差未达到统计显著性水平,从而接受零假设)。从图 5.1 我们也可以看出来,当零假设不成立时,I 型错误不可能发生,唯一可能犯的错误是 II 型错误。

(2) 当选定显著性水平为 0.05 时,在 $d_c=0.62$ 的情况下,传统上认为错误率为 5%(否定某个零假设,否定错了的概率小于 5%)也是不对的。

实际上,此时的错误率为 63%,即该实验存在真正的实验效果(两样本平均数之间有显著差异),但未侦察到(统计上不显著)。

(3) 显著性水平是成功重复的概率,即将 $1-p$ 误解为成功重复的概率;换句话说,把显著性水平同统计检验能力(statistical power)混淆了。

实际上,$p<0.05$ 指否定某个零假设,否定错了的可能性小于 5%,但它不意味着将来的实验有 95% 成功的概率。

(4) 显著性水平愈高(0.01 比 0.05),差异就更大,更重要。

实际上,显著性水平依赖样本数量。

(5) 研究者强调不犯 I 型错误(只担心检查不出差异),因此倾向于选择更严格的显著性水平,这增加了犯 II 型错误的可能性。

实际上,选择显著性水平来影响一类错误,总要影响到另一类错误。从图 5.1 或 5.2 我们可以看到,0.01 水平对应的 α 比 0.05 水平对应的 α 要小,但 0.01 水平对应的 β 却大于 0.05 水平对应的 β;换句话说,当显著性水平提高时(可以减少 I 型错误),增大了犯 II 型错误的可能性。

(6) 差异达不到显著水平,差异就为零或可视为零;而差异达到显著水平,实验假设就得到了证明。

实际上,差异达不到显著水平也可能是实际有差别但检测不出来(犯 II 型错误);而差异达到显著水平也可能意味着实际无差异,但检测出来了(犯 I 型错误)。

五、评价实验研究的基本原则

由上面的讨论我们可以看到,统计显著性检验本身是有缺陷的,人们对它的理解也存在许多误区,这必然对实验研究带来不利的影响。Plutchik(1983)在讨论统计学基本概念时指出:"恐怕最重要之处就是,在评估研究时实验者不应该仅仅考虑显著性水平。同样重要的是,要考虑由实验操纵的变量所产生的实验效果的大小。"但时至今日,统计显著性检验的思想仍使得研究者过分地考虑所得实验结果是否通过显著性检验,而很少注意结果的实验效果大小。Plutckik(1983)还对如何评价实验研究提出了一些原则,这些原则今天仍然是正确的:"决定任何一项研究的价值,不是它的统计结果,而仅仅是对该研究体现的理论上的一致性和逻辑性的熟练的主观评估、实验控制应用的程度、测量技术的复杂性、所研究的现象在科学或实践上的重要性。统计显著性检验只是许多需要考虑的因素之一,我们考虑这许多因素,以便评估一项实验发现的适当性、普遍性和重要性。"

Plutchik(1983)在结束讨论统计学基本概念时以 Skinner 为例,叙述了什么是好的实验研究,怎样正确运用统计学程序。他的论述至今仍有启发意义:"值得强调的是,现代实验心理学的领军人物之一 B. F. Skinner 几乎不使用正式的统计程序。Skinner 与他的学生都强调对被试和刺激变量作良好实验控制的重要性,使用简单而有效的反应测量。此外,他们对具有较大实验效果的各种变量的丰富知识表明,精巧的统计方法很少是必须的。实验的复杂性之一在于,学会在什么时候和怎样应用统计程序才能有效地帮助整个实验工作。"

六、增强统计检验能力的一些方法

Anderson(2001)讨论了 9 种增强统计检验能力的方法,为了方便阅读,我们在这里复制图 5.2 作为图 5.4。我们专注图 5.4 所表示的 I 型错误(α)与统计检验能力($1-\beta$)的关系。α 是 $H_{0,\text{true}}$ 分布中 $F_{0.05}$ 或 $F_{0.01}$ 对应的竖线的右边面积,而 $1-\beta$ 是 $H_{0,\text{false}}$ 分布中 $F_{0.05}$ 或 $F_{0.01}$ 对应的竖线的右边面积。当 F 对应的竖线向左边移动时,$1-\beta$ 将增大而 α 也将增大。换句话说,如果我们使用宽松的显著性水平为标准,我们的统计检验能力将增强,但代价是,我们犯 I 型错误的可能性也增大了。

看来较理想的情形是,通过将 $H_{0,\text{false}}$ 分布向右移来增强统计检验能力。下面我们从实验的角度来讨论怎样做到这一点。

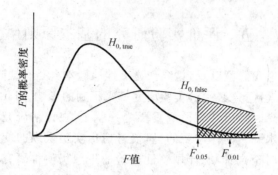

图 5.4　F 比例的两个样本分布：$H_{0,\text{true}}$ 和 $H_{0,\text{false}}$（Anderson，2001）

1. 降低误差变异

增强检验能力的最好方法是减少误差变异(error variance)。这可以通过实施好的方法来达到：清晰无误的指示语、可靠的仪器、前后一致的程序、任务-被试协调一致，等等。这些好的方法也有助于获得高质量的数据。在很多情况下，误差的主要成分是个体差异。如果个体差异不能通过实验设计来改变的话，通过好的程序以及删除极端被试或数据的办法仍可减少误差。

2. 增大实验效果

增大实验效果(effect size)当然是增强检验能力的理想办法，但这一点说起来容易做起来难。最明显的方法是要求更强的实验上的操作。例如，用文化启动范式研究自我参照效应时，在学习单词前进行一次中国或美国典型图像(icon)启动，学习结束后回忆前再进行一次文化启动，以加强启动的效应使自我参照效应在不同文化启动下具有不同的结果。间接增大实验效果的方法见下面的 3～9 条。

3. 增加被试人数

增加被试人数可以很容易增强检验能力，但这样做不如减少误差或增大实验效果的方法好。后两种方法本身无副作用，但增加被试人数会增加实验成本，因为随后的研究也必须增加被试而对所研究的行为并没有更好的控制。

4. 减少 α

增加检验能力的一个廉价方法是使用小的 α。在某些场合小的 α 是合适的。例如，准备实验有时使用 $\alpha=0.10$ 以防重要的变量漏掉；还有，老年记忆的检测中，目的仅在于区分病态与正常，α 可以较低。对检测出病态老年记忆的患者，建议他们到医院作治疗。

5. 改变分析方法

改换不同的统计分析方法有时会大大增强检验能力，体现在这个方法中的原则是，统计检验愈是与真实的实验效果模式(pattern)匹配，它就有愈强的检验能力。Craik(1999)在用 SPM94 分析自我参照效应的 PET 实验结果时,未发现自我参照激活内侧前额叶,但在运用偏最小二乘(partial least squares,PLS)分析后,得到上述结果。这样的例子说明,你对有关统计方法的知识愈深厚,你的选择性就愈多。还有,国际上许多知名的实验室争相开发用于 fMRI 实验的统计软件,目的就是使其实验结果有最适当的、与其匹配的分析工具。

6. 改变实验设计

改变实验设计会增强检验能力(参见第 9 章)。方差分析中当把个体差异从误差项中剔除时,检验能力就增强了。这可以通过区组设计(blocking design,将被试分层,参见第 8 章)、协方差分析(analysis of covariance)、重复测量设计等方法实现。改变实验设计的另一个重要方面是,在实验中使用较少的实验条件。这样,每组的被试人数相对增大了;同时,使用较少的实验条件也会使实验效果增大,这一点是经验之谈。减少实验条件当然减少了研究的范围,但有时它确实必要。

7. 改变任务

稍微或显著地改变实验任务都会增强检验能力。例如儿童的自我参照效应研究一直沿用成人的方法,即呈现人格形容词要求儿童作判断,由于年龄原因儿童不能理解指示语的要求,不能理解抽象的词汇,一般结果是,7~8 岁西方儿童才表现出自我参照效应,即自我参照的词汇的记忆优于他人参照。Sui 和 Zhu(2005)发展出一种新的实验范式,即以被试儿童的面孔作为自我参照,被试同班同学的面孔作为他人参照,结果 5 岁中国儿童就能够显示自我参照效应。

8. 改变反应方式

要求被试完成什么任务(task)本身就是一种反应变换的形式。例如,刺激大小的数量评判可通过两种办法得到:等级评定(rating)或数量估计法(magnitude estimation)。但是,数量估计法在被试间和被试内都有较大的变异。这个例子表明,一般而言,反应的分布以及它相对的变异会大大地受到任务和程序中一个很小的构成部分的影响。任务的效应比检验能力重要,虽然检验能力的问题值得足够重视。

你所应用的任务——实验程序,其作用就是,从人或动物机体的复杂反应中选取一种,化为典型的可观察到的一维测量。不同的任务——程序可能触及同一复杂反应但产生出不同的观察到的反应测量,就像等级评定与数量估计的例子那样。实验任务是研究者驾驭实验朝理想方向发展的工具;实验进展理想最重要的标准是避免混淆,但信度与检验能力也是重要标准。

9. 减少极端数据

极端数据降低检验能力,因为它们不成比例地增加误差变异。虽然减少极端数据的价值已经在第 1、6 和 8 条中提及,但这个问题很重要,值得强调。

预防极端数据的最重要办法是在实验程序中使任务清晰明确，被试不会误解。第二个重要的做法是通过筛选、排除极端被试或使用重复测量设计（repeated measures design）。第三个办法是修整数据，具体方法可参阅 Anderson(2001)书中第 12 章。

参 考 文 献

〔美〕Gauch H G 著(2005).科学方法实践.王义豹译.北京：清华大学出版社

李伟明,曹怡(2001). 2000 年 APA 统计推断特别工作小组的建议对我国心理统计教学的启示.心理科学,24(3)：286～289

杨博民主编(1989).心理实验纲要.北京：北京大学出版社

Anderson N H (2001). Empirical direction in design and analysis. NJ, Mahwah：Lawrence Erlbaum Associates

Cohen J (1994). The earth is round (P＜0.05). American Psychologist, 49(12)：997～1003

Plutchik R (1983). Foundations of Experimental Research. New York：Harper & Row

Schmidt F L (1992). What do data really mean? research findings, meta-analysis, and cumulative knowledge in psychology. American Psychologist, 47：1173～1181

Wilcox R R (1998). How many discovries have been lost by ignoring modern statistical methods? American Psychologist, 53(30)：300～314

6

元分析方法

近年来,西方心理学家、教育学家对传统统计分析方法的使用以及传统统计分析方法对科学研究成果的积累所起的作用产生了较大分歧。有些著名的统计学家甚至提出抛弃传统统计分析方法,而提倡使用元分析方法(meta-analysis)。目前使用元分析方法进行研究的领域已经不局限于一些传统感兴趣的研究课题,如,性别差异研究、性别与领导风格的研究、工作满意度与旷工之间关系的研究等,也使用在事件相关电位技术和功能磁共振技术进行的有关记忆、注意和语言等方面的研究中。研究者试图从已往的研究结果中得到客观如实的结论。因此,元分析方法显得越来越重要了。下面将对元分析方法的使用进行简单介绍,并分析传统统计方法与元分析方法各自的特点。

一、元分析方法简介

一般来说,一项成功的科学研究是建立在多次重复实验研究的基础之上。综合同一主题的不同实验结果,对已往大量的单个实验进行概括、分析,排除单个实验中的随机误差,提炼出本质内容,为主题的研究指明方向,元分析正是这样一种综合的方法。

(一) 元分析方法的由来

在目前的心理科学研究中,大部分研究都传统地依赖于传统的统计的显著性检验,即,利用实验中获得的数据,依据 Fisher 在 1932 年提出的方法对虚无假设进行显著性检验。显著性检验的逻辑是:如果统计结果(t, F, z)是显著的,实验研究一定有一个效应或相关;如果统计结果是不显著的,那么实验研究一定没有效应或相关。这样的逻辑使研究者的注意力集中在控制 I 型错误发生的概率(α),而很少对 II 型错误发生的概率(β)进行有效的控制,以及对检验能力(power, P)进行估计。一个Ⅰ型错误所得到的结论是：当实验数据之间实际不存在关系或效应（虚无假设为真）时，却作出实验数据之间存在关系或效应的推断（拒绝虚无假设）。所以有些研究者通过控制 α 的大小（使其在数值上变得很小，如 $\alpha=0.01$ 或 0.001），来表明犯Ⅰ型错误的概率很小。而与此同时却很少注意对Ⅱ型错误发生概率的控制。Ⅱ型错误指当实验数据之间存在一种关系或效应时（虚无假设为假），却推断实验数据之间不存在关系或效应（接受虚无假设）。从统计理论上讲，Ⅰ型错误发生概率和Ⅱ型错误发生概率是反比关系，对于Ⅰ型错误发生的概率，研究者可加以有效地控制；而对于Ⅱ型错误发生的概率，研究者只能通过Ⅰ型错误发生的概率对其进行间接控制。在实验结果的显著性检验中，统计检验能力（P）反映的是：当研究者所研究的问题本身存在着某种关系或效应时，统计推断接受它发生的概率（$P=1-\beta$）。Cohen 曾考察美国某一年的《变态和社会心理》杂志，发现对于所有具有中等效果大小的实验研究，其平均统计检验能力仅为 0.48；也就是说，在实验研究中，研究者所获得的真实的显著性结果的概率如同向空中抛一硬币正面向上的概率。

面对显著性检验出现的问题，Schmidt 等人曾提出，由于传统统计的显著性检验仅以单一研究或实验为依据，并由此探索某一理论的真实性，所以应该放弃传统统计的显著性检验方法，而使用元分析。Glass 认为，元分析是以综合现有发现为目的、对单个研究结果的集合进行分析的统计方法。他比较元分析与初级分析、中级分析的关系时指出：初级分析是研究中对原始数据的分析……中级分析是为回答最初研究问题的目的，利用高级统计技术对数据重新分析或用旧的原始数据回答新问题的分析……而元分析是指分析之再分析，是为了综合的目的，以单一研究结果为元素，而不是以单个被试为元素，它搜集大量同一问题的跨研究结果进行综合统计分析。

（二）元分析方法

元分析方法是一种对同一研究内容下多个独立实验结果进行综合的统计方法。因为它能够对已有的研究结果进行综合量化分析，因而它可以对同一研究内容的不一致的研究结果进行整合，得出在单一研究中不可能获得的共同效应，从而做出更具普遍性的结论。根据综合统计量和统计假设的不同，元分析方法也有许多不同的类型。在社会科学（教育学、心理学等）、临床医学和生态学研究中，元分析方法主要采用的综合统计量为效果大小，它适合于测量结果为连续数据的独立研究。在具体的元分析计算过程中，效果大小指标又可以通过统计量 t,z,F 值或确切的 p 值来转换。

1. 效果大小和显著性检验的关系

(1) 效果大小

效果大小表明两个分布的重叠程度,其值的计算有许多方法,但比较经典的是 Cohen 提出的计算方法。样本效果大小(effect size)用 d 表示,其计算公式如下:

$$d = \frac{M_1 - M_2}{\sqrt{\dfrac{(n_1-1)s_1^2 + (n_2-1)s_2^2}{n_1 + n_2 - 2}}} \qquad (6.1)$$

其中,M_1,M_2 分别代表所抽取的两样本平均数,s_1,s_2 分别代表两样本标准差的估计量,n_1,n_2 分别代表两样本被试的数目。我们用 δ 表示总体效果大小,表明两总体分布的重叠程度。效果大小的值越小,两个分布重叠的程度越大;效果大小的值越大,两个分布重叠的程度越小。当效果大小为 0 时,两个分布就重合在一起,也就是 100% 的重叠。表 6.1 表示效果大小与两分布重叠程度的关系。

表 6.1 效果大小值与两分布重叠程度之间的关系

效果大小	重叠程度/(%)	效果大小	重叠程度/(%)	效果大小	重叠程度/(%)	效果大小	重叠程度/(%)
0.0	100.0						
0.1	92.3	0.6	61.8	1.2	37.8	2.4	13.0
0.2	85.3	0.7	57.0	1.4	31.9	2.8	8.8
0.3	78.7	0.8	52.8	1.6	26.9	3.2	5.8
0.4	72.6	0.9	48.4	1.8	22.6	3.6	3.7
0.5	67.0	1.0	44.6	2.0	18.9	4.0	2.3

Cohen 根据两个分布重叠的程度,对检验实验效果(或两平均数之间的差异)规定了三个标准:当两个分布重叠程度约为 85%,即效果大小接近 0.2 时,实验效果较小;当重叠程度约为 67%,即效果大小接近 0.5 时,实验效果中等;当重叠程度约为 53% 或更小时,即效果大小大于 0.8 时,实验效果很大。使用效果大小作为两个分布重叠程度的测量指标时,必须遵循两个条件:一是两个样本的容量和离中趋势要基本相等;二是两个样本所来自的总体要服从近似正态分布。

(2) 效果大小与显著性检验之间的关系

在数量上,效果大小与显著性检验之间有着密切的关系,可以表示如下:

显著性检验(t)=效果大小(d)×样本的容量

这里,样本的容量将根据不同的显著性检验方法而有不同的计算方法。对于 t 检验,样本容量的计算方式为 $\sqrt{\dfrac{n_1 n_2}{n_1 + n_2}}$,故有如下公式:

$$t = \frac{M_1 - M_2}{\sqrt{\frac{(n_1-1)s_1^2 + (n_2-1)s_2^2}{n_1+n_2-2}}} \sqrt{\frac{n_1 n_2}{n_1+n_2}} \qquad (6.2)$$

即

$$t = d\sqrt{\frac{n_1 n_2}{n_1+n_2}} \qquad (6.3)$$

我们可根据选取已往研究结果的不同统计量,利用公式 6.1 或 6.3 计算相应研究的样本效果大小(d)。

在传统统计方法中,由于实验条件的不同,有许多种显著性检验方法,不同的显著性检验方法也与效果大小存在着一定的关系。通过这种关系确定不同实验结果的效果大小,将为效果大小的综合分析奠定基础。表 6.2 的公式将给出不同显著性检验与效果大小之间的关系式:

表 6.2 显著性检验(χ^2, F, z, t)与效果大小的关系式

公式	显著性检验	=	效果大小	×	样本的容量
1	t	=	$\overline{D}/S_D$	×	$\sqrt{N}$
2	t	=	d	×	$\sqrt{df}$
3	t	=	d	×	$\sqrt{df/2}$
4	$\chi^2(1)$	=	Φ^2	×	N
5	z	=	Φ	×	$\sqrt{N}$
6	t	=	$r/\sqrt{1-r^2}$	×	$\sqrt{df}$
7	F	=	$r^2/1-r^2$	×	df_{error}

注:公式 1、2 为相关样本 t 检验。

通过上述公式,我们可以在已知显著性检验数值和相应的样本容量基础上,获得效果大小的指标。

2. 组合效果大小与检验

在获得不同实验研究效果大小的基础上,为了综合的目的,将各个样本的效果大小利用不同的公式给出一个综合性描述,此过程称为组合效果大小。组合效果大小也是元分析方法的核心计算部分。组合效果大小的公式很多,这里简单介绍两种。

(1) 效果大小组合与检验方法一

① 组合效果大小的计算公式。在已经计算了各个样本的效果大小之后,可以按下面的公式分别计算:

样本效果大小平均值: $\overline{d} = \dfrac{\sum[N_i d_i]}{\sum N_i}$ \qquad (6.4)

样本效果大小的方差：$S_d^2 = \dfrac{\sum [N_i \cdot (d_i - \bar{d})^2]}{\sum N_i}$ （6.5）

样本效果大小误差方差：$S_e^2 = \dfrac{4(1 + \bar{d}^2/8) \cdot K}{\sum N_i}$ （6.6）

总体效果大小方差（估计量）：$S_\delta^2 = S_d^2 - S_e^2$ （6.7）

其中 d_i 为第 i 个样本的效果大小，N_i 为第 i 个样本的容量（$n_1 + n_2$），K 为样本个数。

② 一致性检验。检验不同研究的效果大小的一致性，是探讨独立随机抽取的样本效果大小是否来自共同总体的关键。计算公式如下：

$$W_j = \dfrac{N_j(N_j - 2)}{2 - (t_j^2 + 2N_j - 4)}$$ （6.8）

$$\chi^2 = \sum W_j (d_j - \bar{d})^2$$ （6.9）

对于由公式(6.9)计算的数值服从 $K-1$ 的 χ^2 分布，K 为所计算的效果大小的个数。

(2) 效果大小组合与检验方法二

① 组合效果大小计算公式。在已经计算了各个样本的效果大小之后，可以按下面的公式进行计算。

样本效果大小的方差：$\sigma^2(d) = \dfrac{8 + d^2}{4n}$ （$n_1 = n_2 = n$） （6.10）

样本效果大小平均值：$d_+ = \sum_{i=1}^{K} \dfrac{d_i}{\sigma^2(d_i)} \Big/ \sum_{i=1}^{K} \dfrac{1}{\sigma^2(d_i)}$ （6.11）

② 一致性检验。基于前述的检验目的，一致性检验如下：

$$Q = \sum_{i=1}^{K} \dfrac{(d_i - d_+)^2}{\sigma^2(d_i)}$$ （6.12）

对于由公式(6.12)计算的数值服从 $K-1$ 的 χ^2 分布，K 为所计算的效果大小的个数。

(三) 人类脑功能成像的元分析方法

1. 简介

以正电子发射层析照相术和功能磁共振成像技术为代表的人类脑功能成像研究在近二十多年来取得了突飞猛进的进展，它们不仅应用到认知神经科学的各个领域，取得一批突破性的成果，还与社会、文化等领域的研究相结合，从社会认知神经科学的视角对社会、认知与脑神经等三个层面的交互作用去理解心理现象。

然而,同行为研究所面临的问题一样,由于被试因素和实验设计的细微差别,在以脑功能成像的手段进行认知过程的研究中会产生不一致的结果。为了精确地确定和认知过程相联系的神经进程,采用元分析的方法定量地揭示不同研究中一致的激活区域是非常必要的。

最初的脑功能成像的元分析采用的是一种定性的方法,如将过去所报告的三个方向的坐标绘制成表格或图形的模式(Frith,1991),这只是一种准元分析的方法。在那之后,半量化的(semiquantitive)、统计上非正式的元分析方法开始产生(Fox,1995;Buckner,1996)。直到1996年,Paus在一个关于额眼区的综述研究中计算且定义了$Oxyz$坐标下的平均数和标准差,开创了用完全量化的统计手段进行元分析研究的先河。后来,Fox等人(1997,2001)扩展了这项研究,通过校正原始空间定位的估计和样本数量的变异产生关于定位分布的标量模型;Xiong等人(2000)则提出通过元分析计算全脑的激活概率图,等等。而近几年,基于坐标的、像素水平的元分析方法则克服了以往研究的种种不足并得到广泛的采用,在这些方法中,以Chein和Tukeltaub等人的研究最为令人瞩目,Chein等人(2002)提出了基于高斯估计来源(Gaussian-estimated source,AGES)的分析方法,而Tukeltaub等人则提出了激活可能性判断(activation likelihood estimation,ALE)的方法。这两种方法类似,Tukeltaub等人的方法(包括后来Laird等人(2005)在技术上的扩展)被更广泛地应用到当前的元分析研究中。

我们估计,以$Oxyz$坐标形式进行标准化定位的人类脑功能成像的研究,已发表的论文不低于2500篇(约10000个实验),而且仍然以每年500篇(约2000个实验)的速度递增。幸运的是,不管采用标准化坐标进行定位研究的动机是什么,空间标准化坐标的广泛使用为进行定量的元分析提供了肥沃的土壤。

2. 脑功能成像元分析的理论和方法

在本节,我们以ALE的方法为例,来阐述脑功能成像元分析的理论与方法。这一方法的特点在于:① 是像素水平的分析;② 分析基于一致的、标准的三维空间坐标(如Talairach坐标体系);③ 文献由正常被试的实验获得,一般需要有全脑数据;④ 分析基于高斯概率分布模型。

首先,需要依据研究的兴趣确立文献选择的标准,然后按照这一标准从数据库中获取相关的文献。然后,需要从一系列符合要求的具有类似特性的研究中获取立体空间的三维坐标。在多数情况下,这些坐标被报告为Talairach(Talairach & Tournoux,1988)或MNI(Montreal Neurological Institute,1994)坐标形式。分析之前,我们必须确保空间标准化为单一的模板,这一转化可以使用Brett转换进行(Brett,1999)。只有当所有的坐标都转化为一个单一的三维空间(一般转化为Talairach 坐标体系)时,分析才可以开始。①

由于实验中的一些技术问题(如在进行数据预处理时,为了平衡被试间大脑的解剖变异所采用的标准化,为了获取清晰的激活点所采用的平滑化等)限制了数据的精确性。因此,每一个特定研究所报告的激活峰值可能和实际的定位点有差异。然而,如果我们以统计的眼光看待这些激活点可能会得到更有价值的结论;换句话说,我们可以不将这些标准化的坐标看做是一个点,而将它们看做是以该点为中心的高斯概率(Gaussian probability)分布。

在 ALE 元分析中,我们等同地看待来自不同文献所报告的坐标(focus,称为"中心点",下同),这样,在全脑中就形成了一个以这些坐标为中心的三维高斯分布的集合,这一分布由用户定义的半高宽(full-width half-maximum, FWHM)所确定的。通过这些分布,我们就可以为脑中的每一个像素赋值了,它等于数据中至少一个点位于像素内部的概率,我们称其为 ALE 值。通过以下公式,我们可以计算全脑中每一个像素的 ALE 值,从而得到一个覆盖全脑的 ALE 值图。

假设 X_i 表明某一指定像素中位于第 i 个中心点的事件,那么在像素 x,y,z 中 X_i 发生的概率则为

$$P(X_i) = \frac{\exp(-d_i^2/2\sigma^2)}{(2\pi)^{3/2}\sigma^3}\Delta V \tag{6.13}$$

其中 d_i 为从像素的中心到第 i 个中心点的欧氏距离(Euclidean 距离,即两观察单位间的距离为其值差的平方和的平方根),σ 是正态分布的标准差。假若半高宽(FWHM)是 15 mm,则 σ 的值被选为 6 mm,这一分布宽度的选择虽然看起来有些随意,但要符合所选择研究中平滑过滤的范围。$P(X_i)$ 的取值范围为 $0 \leqslant P(X_i) \leqslant 1$。为了获得全部像素容积的概率估计,用正态分布密度乘以 $\Delta V = 8$ mm³(对应 2 mm×2 mm×2 mm 的像素维度)来替代中心点。

假设 X 表示某一指定像素中位于某一中心点的事件,对于互相排斥的事件,则对于第 n 个激活中心点,其概率等于:

$$P(X) = P(X_1) + P(X_2) + \cdots + P(X_n) \tag{6.14}$$

但是,因为在不同的实验中,有可能激活区的中心点位于相同的像素,或者说在某个像素有两个以上激活的簇团,因此,事件 X_i 并不是互相排斥的。因此,我们有理由假设这些事件是独立的。概率 $P(X)$ 定义为所有 X_i 联合的概率:

$$P(X) = P(X_1 \cup X_2 \cup \cdots \cup X_n) = P(\bigcup_i X_i) \tag{6.15}$$

$$P(X) = 1 - P(\overline{\bigcup_i X_i}) \tag{6.16}$$

---

① 1996 年以来 SPM 各版本均采用 MNI 模板。这一模板与 Talairach 脑有所不同,在 y 和 z 维度上略大,故有必要统一。

德·摩根定律表明,对于两个事件 A 和 B,如果 A 和 B 是全集的子集,则 A 和 B 的并的补集是 A 和 B 的补集的交,即:

$$\overline{A \cup B} = \overline{A} \cap \overline{B} \tag{6.17}$$

因此,

$$1 - P(\overline{\bigcup_i X_i}) = 1 - P(\bigcap_i \overline{X_i}) \tag{6.18}$$

那么,对于独立事件 X_i,

$$P(\bigcap_i \overline{X_i}) = P(\overline{X_1}) * P(\overline{X_2}) * \cdots * P(\overline{X_n}) \tag{6.19}$$

因此,某一个激活中心点位于特定的概率表示为:

$$P(X) = 1 - [P(\overline{X_1}) * P(\overline{X_2}) * \cdots * P(\overline{X_n})] \tag{6.20}$$

$$P(X) = 1 - [(1 - P(X_1)) * (1 - P(X_2)) * \cdots * (1 - P(X_n))] \tag{6.21}$$

其中,$P(X_i)$ 在以上公式中已作过界定。

通过以上公式,我们可以计算出每一个像素的 ALE 值。为了对这些值的显著性进行区分,我们还需要进行排列检验(permutation test)。排列检验是一种非参数检验,与行为数据中的虚无假设类似,它也假设在坐标上,ALE 的统计分布是无差异的,中心点随机地散布在大脑中,或者说,所有的观测到的信号都是随机产生的。假设抽取 x 个随机分布的中心点(其中 x 等于在 ALE 元分析中中心点的数目,类似于传统统计中的一次抽样),我们就可以计算这些随机的中心点对应的 ALE 值。这样的抽样被重复 1000~5000 次,每一次都可以计算这些随机的中心点的 ALE 值(类似于传统统计中的抽样分布),这样,可以形成一个全脑分布的柱状图(构成统计假设的虚无分布),对于那些 ALE 值高于临界阈限(被定义为排列分布的第 $100(1-\alpha)$ 个百分位数,其中 α 为设定的显著水平)的像素,无差异分布中心点的虚无假设被拒绝。

实际上,排列检验之后,我们已经获得了一幅表示显著性水平(p 值)的 ALE 激活脑图,然而,在标准的 ALE 分析中,仍存在一些问题使我们不得不进行以下的工作:如大部分研究中被试的数目是不同的,不同簇团间的激活变化程度(如 t 统计量或 Z 值)也不相同,甚至有一些研究根本就是使用非高斯分布来模化中心点的。此外,在我们所选取的每一个研究中,激活点的数目可能有很大的差异,一些采用宽松的标准且报告了大量激活点的研究会比那些采用严格的标准却只报告少量激活点的研究在元分析中占有更大的权重。

为了在一定程度上修正这些问题,我们需要对获得的 p 值进行校正,目前有两种方法可以达到这一目的,即单一阈限检验(single threshold test)的方法(Holmes, 1996)和控制假讯号检出率(false discovery rate, FDR)的方法(Benjamini, 1995; Genovese, 2002)。前者是指单一地将族误差率(family wise error,

FWE)控制在5%以下,而后者(FDR)只控制阈上像素中预期错误肯定的部分,FDR阈限取决于观察到的 p 值分布。由于对错误肯定采用了更宽泛的标准,因此FDR比单一阈限检验的方法更敏感。不过,如果在大脑某一部位确实没有信号,采用FDR控制的方法和单一阈限检验的方法在结果上没有什么不同;也就是说,如果虚无假设在每个位置上都成立,采用FDR程序将在大脑的每一位置上以特定的水平(如 $\alpha=0.05$)控制错误产生的可能性。如果在 $\alpha=0.05$ 水平上进行检验,FDR校正将确保错误肯定的像素平均不超过5%。在这种方法中,我们将 q 的大小定义为不超过平均FDR的值(通常定义为传统意义上的显著性水平 $0.01\sim0.05$),所有像素中未校正的 p 值从小到大排列,图像阈限的概率被定为最大的 p 值,即:

$$P(i) \leq \frac{i}{V} \frac{q}{c(V)} \qquad (6.22)$$

其中,i 表明 p 值的等级,V 是所有像素的数量,$c(V)$ 为常量(一般情况下 $c(V)=1$)。

一般来讲,排列检验的重复次数为1000~5000次,在FDR校正中,这一值的选择依赖于预期像素水平的 p 值大小。例如,如果在某一像素内,用1000次排列来产生虚无分布,而且没有发现再标记的数据等于或大于已观察到的值,那么,这一像素的 p 值小于0.001。实际操作中,我们对这一值的选择需要在精确性和计算时间两者间进行权衡。

在一项对比研究中,我们发现,如果使用未校正的 p 值,会有大量的像素被标记为显著;如果采用单一阈限检验法,被标记为显著的像素又太少了;只有当采用FDR的方法时,标记为显著的像素数目适中,证明这是一种比较理想的校正方法(Laird,2005)。

以上ALE分析的算法可以从网上[①]下载并获得。这是一个由位于美国圣安东尼奥的成像研究中心开发的Java程序,可以进行所有基于ALE的元分析。

值得一提的是,Turkeltaub等人(1992)还曾经将ALE元分析结果与一个单独进行的fMRI实验结果进行对比。结果发现,两者在激活的峰值和其他统计量上具有高度的相关,这进一步证明了该种元分析方法具有良好的效度。

二、元分析方法的应用

(一) 元分析研究的一般步骤与实例分析

从元分析的整个过程来看,进行元分析不仅仅是以数理统计为基础的分析过

---

① 例如 http://csl.georgetown.edu/software。

程,它更是一项综合研究,要有研究意义上的实验设计。下面我们通过一个元分析的实例,来介绍它的主要步骤。

1. 提出研究问题,确定研究目的

进行元分析研究的第一步就是要提出所要解决的问题,并制定收集、选择文献的标准,明确地指出所要解决的问题是进行元分析的基础。

实例分析　P300 asymmetry in schizophrenia: a meta-analysis (Yang-Whan Jeona, John Polich), Psychiatry Research 104(2001): 61~74

提出研究问题:克雷丕林(Emil Kraepelin)认为精神分裂症是早发痴呆症的综合病症,并表明额叶异常与推理相关联,而颞叶异常与出现错觉或幻觉相关联,这些症状现在被认为是精神分裂症的诊断标准。因此,前额叶与颞叶-边缘网络异常导致精神分裂症状,并与信息加工障碍相关联。研究表明,由于 P300 的产生与额叶和海马-颞-顶功能之间相互作用有关,那么,影响额叶和颞-顶叶功能的病状也会影响 P300 测量。

制定标准:P300 已被认为是精神分裂症的一个假定的生理标志,这是因为与控制组被试相比,研究者发现精神分裂症病人出现更小的 P300 波幅。研究确定与 P300 有关的研究将是搜索的目标。

2. 文献收集

文献收集是元分析研究的关键。元分析所搜集的文献应该既包括已发表文献,还应该包括未发表的文献。因为未发表的文献常常是显著性比较小或差异不够明显的研究。

实例分析:在所制定的标准条件下,研究者选择元分析包括的文献:1966~1999 年的 MEDLINE 数据库,使用关键词为:P300,P3,P3a,P3b,MMN,ERP, schizophrenia,schizophrenics,schizoid,schizotypal。以这种方法鉴定出 291 篇相关的 ERP 精神分裂症研究报告。

3. 分析已往研究结果

对各个研究报告进行定性和定量分析,其中包括各研究的研究背景、研究方法、实验设计、样本大小、结果测量和统计分析方法等,并根据分类的原则,从中筛选出进行元分析的独立研究结果。

实例分析:该研究根据特定的标准(这里略去),选出 19 篇研究报告有助于 P300 的中线地形图分析,11 篇研究报告有助于 P300 对称地形图分析。

4. 元分析方法实施

结合研究结果和结合研究目的,进行定量元分析。目前已发展出多种元分析方法。但它们的基本思想是一致的,即:首先提出假设,构造进行元分析的统计量;然后计算各研究的综合统计量,为元分析提供数据基础。

表 6.3 两类被试差异 P300 振幅的效果大小（d）和 95% 的置信区间（CI）

文章	条件	Fz d	Fz 95%置信区间	Cz d	Cz 95%置信区间	Pz d	Pz 95%置信区间
Roth, et al, 1980		1.25	0.52~1.99	1.29	0.55~2.03	1.60	0.82~2.37
Grillon, et al, 1990	2 stimuli	0.58	−0.15~1.31	1.07	0.31~1.84	1.61	0.79~2.44
Grillon, et al, 1990	3 stimuli	1.46	0.65~2.26	2.08	1.19~2.97	2.40	1.46~3.34
Iwanami, et al, 1991		1.20	0.63~1.77	1.12	0.55~1.68	1.11	0.55~1.68
Kidogami, et al, 1991		1.06	0.52~1.61	1.00	0.46~1.54	1.16	0.61~1.72
Egam, et al, 1994		1.04	0.30~1.77	0.77	0.05~1.49	0.77	0.05~1.48
Ford, et al, 1994		0.64	0.12~1.17	0.30	−0.22~0.81	0.55	0.03~1.07
Glabus, et al, 1994	0.16 Hz, peak	0.34	−0.23~0.90	0.87	0.29~1.46	0.98	0.39~1.58
Glabus, et al, 1994	0.16 Hz, LMS	0.24	−0.33~0.80	0.74	0.16~1.32	0.83	0.25~1.41
Glabus, et al, 1994	1 Hz, peak	0.34	−0.23~0.90	0.86	0.27~1.44	1.00	0.41~1.60
Glabus, et al, 1994	1 Hz, LMS	0.31	−0.26~0.87	0.82	0.24~1.40	0.95	0.36~1.54
Glabus, et al, 1994	2 Hz, peak	0.42	−0.15~0.99	0.91	0.32~1.50	1.03	0.43~1.62
Glabus, et al, 1994	2 Hz, LMS	0.32	−0.25~0.88	0.84	0.25~1.42	0.96	0.37~1.55
Iwanami, et al, 1994		1.11	0.51~1.70	0.95	0.37~1.54	1.09	0.50~1.69
Anderson, et al, 1995	Medicated	0.64	0.19~1.09	0.33	−0.11~0.77	0.31	−0.13~0.75
Anderson, et al, 1995	Unmedicated	0.32	−0.12~0.76	0.41	−0.04~0.85	0.35	−0.09~0.79
Rao, et al, 1995		1.49	0.54~2.43	1.04	0.14~1.93	0.87	−0.01~1.75
Souza, et al, 1995		0.19	−0.36~0.73	0.80	0.23~1.36	1.12	0.54~1.71
Stefansson & Jonsdottir, 1996		0.36	−0.26~0.99	0.69	0.05~1.32	0.70	0.07~1.34
Frangou, et al, 1997		0.47	−0.02~0.96	0.82	0.32~1.33	1.93	1.34~2.52
Shajahan, et al, 1997		0.64	0.02~1.26	0.58	−0.04~1.20	1.36	0.69~2.03
Umbricht, et al, 1998		0.93	0.17~1.69	0.50	−0.23~1.23	0.30	−0.42~1.03
Ford, et al, 1999a	Severely ill	1.20	0.64~1.76	1.21	0.65~1.77	1.62	1.02~2.21
Ford, et al, 1999a	Moderately ill	0.80	0.27~1.33	0.91	0.37~1.44	1.01	0.47~1.55
Ford, et al, 1999b		2.15	1.32~2.99	1.60	0.83~2.37	1.23	0.50~1.96
Nagasawa, et al, 1999		1.13	0.56~1.71	1.19	0.61~1.77	1.16	0.58~1.74
Salisbury, et al, 1999		1.27	0.74~1.81	1.39	0.85~1.93	1.10	0.58~1.63

注：中线电极 Fz, Cz 和 Pz

实例分析:符合条件的 30 篇研究报告中(使用听觉 Oddball 范式,比较精神分裂症病人与正常被试的差异),ERP 指标使用 P300 振幅,头皮位置为 Fz、Cz 和 Pz,元分析综合指标为效果大小(d)和 95% 的置信区间,初步结果见表 6.3。元分析综合结果见表 6.4。

表 6.4　中线电极 P300 振幅的元分析

	K	d	95%置信区间	Q	p
Fz	27	0.72	0.61~0.84	55.78	0.0010
Cz	27	0.86	0.75~0.97	36.66	0.1998
Pz	27	1.00	0.88~1.11	55.20	0.0013
Overall	81	0.86	0.79~0.92	158.49	0.0000

注:d 为效果大小的均值;K 为研究的数目;Q 为差异效果大小的一致性检验。

5. 撰写研究报告

报告元分析结果,进行分析和讨论。

(二) 人类脑功能成像元分析研究的一般步骤与实例分析

1. 脑功能成像元分析的一般步骤

概括起来,用 ALE 方法进行元分析一般由五步构成:

(1) 在 Talairch 空间坐标中计算大脑中每一个像素的 ALE 值(需要界定分布的半高宽,一般为 10~12 mm)。如果原始文献提供的坐标不是 Talairach 坐标体系,则首先需要进行 Brett 转换。

(2) 进行排列检验。这一检验的目的是考察每一个像素内 ALE 数据的虚无分布。一般采用 5000 个排列,输出的结果是每一个像素的 p 值图像。

(3) 利用假讯号检出率算法对多重比较的结果(p 值)进行校正,并且计算 ALE 图的阈限。选择 q 为预期的显著性水平(如 0.01 或 0.05),会计算出两个 p 值阈限,RIC 通常使用由 pN 返回的阈限。

(4) 界定阈限。选择基于图像的 p 值(FDR 理论中的 q),通常为 0.05 或 0.01,并为第一步产生的图像坐标界定阈限。统计上显著的像素被赋值,这一值就是计算出来的 ALE 值。

(5) 把已界定阈限的图输入到能够观测解剖图像的软件(如 AFNI, MEDx 等)中以观察元分析的结果,并进行簇团分析,计算其体积大小、最大的激活量等。

2. 脑功能成像元分析实例

在这里,我们以 Petacchi 等人(2005)所做的一项关于小脑听觉功能的元分析研究,来示例 ALE 元分析在脑成像数据整合中的作用。

实例分析 Cerebellum and auditory function: an ALE meta-analysis of functional neuroimaging studies(Petacchi A, Laird A R, Fox P T, & Bower J M), Human Brain Mapping, 25(1), 2005, 118~128.

我们知道,"小脑"(cerebellum)一般被看做与人类运动功能相联系的脑结构之一,但近来有一些研究表明,它也广泛参与感知觉任务,尤其在感觉信息的获得中起着重要的作用。但是相当一部分研究并没有很好地区分感觉和运动,躯体感觉系统往往通过身体的运动来控制感觉信息的获得。Petacchi 等人力图证实小脑具有独立调控感觉信息的获得的功能,他们以听觉任务的脑成像研究为例,采用 ALE 元分析的方法来证实这一观点。

在进行脑功能成像的元分析之前,采用高效而合理的标准选择研究范围是非常必要的。Petacchi 等人采用三种途径搜集相关的文献:① 用与听觉有关的关键词在 MEDLINE 数据库、科学数据库网站等资料库中搜索 PET 或 fMRI 的研究报告;② 引用文献搜索:在科学数据库网站搜索引用了以上研究报告的文章;③ 浏览通过以上两种途径找到的研究报告的参考文献。通过这种方式找到几百篇文献。针对这些文献,研究者制定了进一步的选择标准:① 必须是已发表的文章,采用的技术手段一般是 PET 或 fMRI;② 在文章中报告了标准化的坐标;③ 扫描覆盖全脑,而不只是脑的一部分;④ 研究所选用的被试是健康的,没有心身疾病;⑤ 研究中有基于控制条件的恰当的比较;⑥ 一些其他的要求(如因为考察的目标是小脑,故在研究中不能有外显的动作,等)。

按照以上标准,研究者选出了从 1997 年 7 月到 2004 年 8 月发表的 15 篇相关的文章,这些文章一共涉及 27 种比较,既包括主动听觉任务,也包括被动听觉任务,共产生 231 个中心点(见表 6-5)。

表 6-5 进行元分析收录的文章一览(Petacchi, 2005)

文章	比较数目	成像途径	被试数目	过滤/mm	刺激	刺激呈现方式	中心点数目
被动听觉任务							
Ackermann, et al, 2001	3	fMRI	8	10	咔咔声	双耳	11
Griffiths & Green, 1999	2	PET	6	16	宽频噪声	双耳	9
Griffiths, et al, 2000	1	fMRI	4	8	纯音	双耳	22
Lockwood, et al, 1999	2	PET	12	10	纯音	右耳	34
Ortuno, et al, 2002	1	PET	10	12	咔咔声	双耳	9
Pastor, et al, 2002	2	PET	9	10	咔咔声	右耳	7
Rao, et al, 1997	1	fMRI	13	8	纯音	双耳	3

(续表)

文章	比较数目	成像途径	被试数目	过滤/mm	刺激	刺激呈现方式	中心点数目
Reyes, et al,2004	3	PET	9	11×12×14	调幅,纯音	右耳	10
Sevostianov, et al,2002	1	PET	18	10	纯音	左/右耳	16
Thivard, et al,2000	3	PET	8	15	复合声音	双耳	16
主动听觉任务							
Belin, et al,1998	1	PET	7	12	复合音调	双耳	6
Belin, et al,2002	1	PET	7	12	复合音调	双耳	19
Poeppel, et al,2004	1	PET	10	15×15×9	调频纯音	自由	34
Van Dijk & Backes,2003	4	fMRI	8	8	声音节拍/噪声	右耳	30
Vouloumanos, et al,2001	1	fMRI	15	8	复合声音/纯音	双耳	5
总计	27						231

在数据分析之前,凡是在研究中有使用的 MNI 坐标的都先将其转化为 Talairach 坐标(Brett,1999),转化完成之后,将数据输入一个由成像研究中心开发的基于 Java 的 ALE 软件①,开始完全自动化的分析程序。Talairach 空间被分为若干 2 mm×2 mm×2 mm 像素,我们将中心点看做一个以给定坐标为中心的概率分布,并产生一个全脑的 ALE 图。对于每一个像素,按照半高宽为 12 mm 的三维正态分布计算每一个中心点位于特定像素的概率,然后,联合这些概率计算 ALE 的值,通过随机产生的一系列中心点的排列检验确定的阈限来考察这些 ALE 值的显著性。为了视觉化,ALE 图被输入到 AFNI 软件(Cox,1996),并使用标准化到 Talairach 空间的脑成像国际联盟(ICBM)的模板对激活点进行标记。

运用同样的程序,研究者进一步考察了被动听觉任务的 ALE 图,这一子样本包括 10 项研究,共有 19 个比较和 137 个中心点(见表 6-5)。

在 15 篇文章中进行的 ALE 元分析发现了 11 个显著的激活簇团(表 6-6)。除了分布在传统的初级和次级听觉皮层,包括左侧颞横回(BA41)、右侧颞上回(BA42)、左侧颞上回(BA22)和右半球的某些脑区,包括有侧额中回(BA10)顶上小叶(BA40)以外,小脑中的一些区域也参与了听觉信息的加工,特别是位于外颞叶的小脑左侧底部Ⅰ区(left lateral crus Ⅰ area)具有最大的激活体积(1048)和 ALE 峰值(10.33)。这一结果支持了假设,即小脑不仅参与运动加工,也在纯的听感觉加工中起作用。

---

① 可从网络查找 http://www.brainmap.org/ale。

表 6-6　实验结果:显著的 ALE 激活区(Petacchi,2005)

脑区	布洛德曼区	坐标			体积 /mm³	ALE 值 /10⁻³ *
		x	y	z		
听觉皮层						
左侧颞横回	41	−40	−26	10	11032	27.20
右侧颞上回	42	60	−20	10	9608	20.32
左侧颞上回	22	−50	2	−6	768	11.66
小脑						
左侧小脑,crus I		−44	−50	−32	1048	10.33
右侧小脑,lobule V		28	−38	−28	336	10.26
右侧小脑,crus I		26	−76	−36	312	10.00
左侧小脑,lobule V		−20	−50	−22	184	8.99
右侧小脑,crus II		4	−82	−32	152	7.88
右半球						
右侧额中回	10	34	38	12	416	10.00
右侧前脑岛		36	18	4	1024	9.89
右侧顶上小叶	40	48	−46	46	528	9.72

* $p<0.01$ 对应的 ALE 阈限值为 6.00×10^{-3}。

此外,当去掉 5 项主动听觉任务,只保留 10 项被动听觉任务时,元分析的结果表明,此时右侧脑区的激活消失了,而小脑区域的激活依然显著,说明这一区域对听感觉的加工可能不受注意的影响。

三、元分析方法与传统统计方法的比较

(一)传统统计方法与元分析的比较研究一

本研究借助计算机模拟实验研究的程序进行抽样研究,探讨在不同总体效果大小、不同样本容量和不同显著性水平条件下,t 检验方法与元分析方法在检验实验结果方面的差异,其目的是展示元分析方法在实验研究方面的特殊作用。

1. 方法

(1) 构造被试总体与实验设计。依据 Cohen 提出的两总体分布重叠程度所制定的检验效果大小的三个指标:两个总体分布重叠程度约为 85%,效果大小接近 0.2,此时总体间差异较小;两个总体分布重叠程度约为 67%,效果大小接近 0.5,此时总体间差异为中等;两个总体分布重叠程度约为 53%,效果大小约为 0.8,此时总体间差异为较大。利用计算机构造四个正态分布总体,总体 1:$\mu_1=70$,$\sigma_1=9.87$,$N_1=5006$;总体 2:$\mu_2=65.06$,$\sigma_2=9.87$,$N_2=5006$;总体 3:$\mu_3=68.02$,

$\sigma_3=9.87$,$N_3=5006$;总体 4:$\mu_4=62.10$,$\sigma_4=9.87$,$N_4=5006$。构造被试总体设想:将总体 1 设计为实验组,而总体 2、总体 3 和总体 4 分别设计为控制组,使得总体 1 与总体 3、总体 1 与总体 2、总体 1 与总体 4 之间的总体平均差距分别为 1.98,4.94,7.90,即:实验组高出控制组分别为 1.98、4.94、7.90,对应的总体效果大小分别为:$\delta_1=0.20$、$\delta_2=0.50$、$\delta_3=0.80$。

(2) 实验设计。采用模拟实验组、控制组组间设计。组间设计分别为总体 1 与总体 3、总体 1 与总体 2、总体 1 与总体 4 进行比较。

(3) 实验程序。根据实验设计,利用计算机随机抽样方式,分别从总体 1 与总体 3、总体 1 与总体 2、总体 1 与总体 4 抽取样本,样本容量分别为:$n_1+n_2=30,50,70,90,110$,样本个数为:对应每一样本容量抽取 998 个样本,总共 14970 个样本。在这样的条件下,总体 1 与总体 3 之间的比较有 4990 个样本,总体 1 与总体 2 之间的比较有 4990 个样本,总体 1 与总体 4 之间的比较有 4990 个样本。在实验组与控制组之间按公式(6.2)进行 t 检验,按公式(6.1)计算效果大小 d。

2. 结果

(1) 抽样总体 t 检验在显著性水平 α、样本容量 N 和效果大小 δ 不同条件下达到显著差异的数目。

对实验程序中提出的实验组与控制组,在三种不同总体效果大小条件下的 14970 个样本,进行差异显著性 t 检验,显著水平分别为 $\alpha=0.05$,$\alpha=0.01$,$\alpha=0.001$。检验结果达到显著水平的数目见表 6.7。

表 6.7　在 α,δ,N 不同条件下 t 检验达到显著水平的数目(样本总数目为 998 个)

N	α 0.05			α 0.01			α 0.001		
	δ			δ			δ		
	0.2	0.5	0.8	0.2	0.5	0.8	0.2	0.5	0.8
30	64	270	541	14	95	302	0	23	104
50	114	424	815	34	221	587	5	55	285
70	128	539	920	38	275	757	1	98	485
90	141	622	956	52	387	851	9	162	618
110	151	735	988	58	518	938	10	229	797

(2) t 检验的显著性数目与效果大小 d 之间的关系。

利用公式计算所有样本的效果大小 d 值,统计在不同总体效果大小条件下(0.2,0.5,0.8),样本效果大小不小于总体效果大小的数目,并与 t 检验达到显著的数目进行比较,见表 6.8。

第6章 元分析方法

表 6.8 t 检验达到显著的数目与样本效果大小 d 数目的比较

N	δ = 0.20		δ = 0.50		δ = 0.80	
	$t(0.05)$	$d \geq 0.20$	$t(0.05)$	$d \geq 0.50$	$t(0.05)$	$d \geq 0.80$
30	64	492	270	499	541	496
50	114	495	424	514	815	552
70	128	535	539	516	920	529
90	141	486	622	495	956	479
110	151	502	735	518	988	516

(3) 随机抽样的效果大小 $\bar{d}$ 对总体效果大小 δ 的推断。

根据实验程序抽取的三类样本：总体1与总体3($\delta_1=0.20$)的4990个样本，总体1与总体2($\delta_2=0.50$)的4990个样本，总体1与总体4($\delta_3=0.80$)的4990个样本。利用元分析方法证实，以随机样本的效果大小对总体的效果大小进行推断是完全可靠的。

构造的总体效果大小分别为：$\delta_1=0.20$，$\delta_2=0.50$，$\delta_3=0.80$，样本总数均为4990，样本容量分别为30,50,70,90,110，计算结果如下：

① $\bar{d}=0.198$，$S_d^2=0.05772$，$S_e^2=0.05743$，$S_\delta^2=0.00029$，$S_\delta=0.017$。

总体效果大小标准差的估计量($S_\delta=0.017$)与总体效果大小的估计量($\bar{d}=0.198$)相比，可忽略不计。推断：样本所来自的总体效果大小为0.198，与构造的总体效果大小($\delta_1=0.20$)仅差0.002，以样本效果大小推断总体效果大小是非常可靠的。

② $\bar{d}=0.508$，$S_d^2=0.0627386$，$S_e^2=0.0589869$，$S_\delta^2=0.0038$，$S_\delta=0.0616$。

同理，推断：样本所来自的总体效果大小为0.508，与构造的总体效果大小($\delta_3=0.50$)仅差0.008，以样本效果大小推断总体效果大小是非常可靠的。

③ $\bar{d}=0.811$，$S_d^2=0.0633469$，$S_e^2=0.0618440$，$S_\delta^2=0.0015$，$S_\delta=0.0387$。

同理，推断：样本所来自的总体效果大小为0.811，与构造的总体效果大小($\delta_3=0.80$)仅差0.011，以样本效果大小推断总体效果大小是非常可靠的。

(4) 效果大小 d 的一致性检验。

检验抽样效果大小的一致性是探讨随机抽取的样本效果大小是否来自共同总体的关键。因此，检验三类样本效果大小的抽样分布是否一致，来自各自的总体效果大小，不仅是对我们进行的模拟实验研究的检验，也是对元分析方法的实践。计算方法为公式(6.8)和(6.9)。

对以上三类样本效果大小抽样分布的检验结果如下：

总体效果大小 $\delta_1 = 0.20$：$\chi^2 = 4883.92$，$z = -1.053$，$p > 0.05$，

总体效果大小 $\delta_2 = 0.50$：$\chi^2 = 5129.82$，$z = 1.405$，$p > 0.05$，

总体效果大小 $\delta_3 = 0.80$：$\chi^2 = 4938.13$，$z = -0.506$，$p > 0.05$。

对不同的总体效果大小(0.20，0.50，0.80)均得到如下结论：随机抽取的 4990 个样本效果大小 d 值是显著一致的，总体的效果大小可估计为 $\bar{d}$。

3. 讨论与结论

(1) 效果大小所代表的指标与 t 检验所确定的差异的区别。

效果大小 $\bar{d}$ 确定的指标是以由总体中随机抽取的样本所计算的各个效果大小 d 值为对象，进行元分析所获得的结果，它所代表的是抽样分布中各样本效果大小的综合指标，反映的是样本所来自的总体间的差异的强度。在构造的三类总体中，从每类中抽取不同容量的样本，确定的总体效果大小的估计量和样本效果大小抽样分布的标准差为：

总体1与总体3：$\bar{d} = 0.198$，$S_d = 0.24$，

总体1与总体2：$\bar{d} = 0.508$，$S_d = 0.25$，

总体1与总体4：$\bar{d} = 0.811$，$S_d = 0.25$。

由此可见，在效果大小 d 的抽样分布中，效果大小的平均值都非常接近预先构造的总体的效果大小，而且抽样分布的标准差几乎相差也不多，这说明，抽样分布的标准差不受总体效果大小的影响。进一步观察，由表6.8可以发现，不论总体效果大小是多大(0.20，0.50，0.80)，样本效果大小 d 不小于总体效果大小的数目，总是在效果大小抽样分布的中点附近，不受样本容量的影响。抽样分布的样本各约有一半分布在总体效果大小的两边。而同样条件下对应的 t 检验值达到显著的数目确随样本容量的变化而变化。

研究者通常使用的差数 t 检验是以一个实验研究的 t 值推断总体间的差异是否存在，因此，与效果大小的元分析方法比较，t 检验值除了受随机因素的影响外，它还受如下因素的影响：首先，两总体间的差异对 t 检验值的影响，总体间的差异越大，在其他条件相同的情况下，随机抽样进行的 t 检验，其检验值达到显著性差异的可能性就越高。其次，样本容量对 t 检验值的影响，样本容量越大，在其他条件相同的情况下，随机抽样进行的 t 检验，其检验值达到显著性差异的可能性就越高。再次，显著性水平对 t 检验值的影响，显著性水平越高(α 的数值越小)，在其他条件相同的情况下，随机抽样进行的 t 检验，其检验值达到显著性差异的可能性就越小(见表6.7)。这时，如果考察 t 检验的统计检验能力(P)，就会发现，在同样条件下，显著性水平的升高将引起统计检验能力的下降，是存在差异的实验研究没有被检验出来。从达到显著的数目可以看出，如果显著性水平过高，就会使原本有差异或有效果的研究作为没有差异或无效果而被接受，从而影响心理学知识的积累

和心理学理论的发现,这样的现象应该引起我们的注意。

(2) 虚无假设的显著性检验与元分析方法的比较。

从模拟的方法上来说,结果表明,差数显著性检验是以一个样本对总体进行推断,它主要与总体的效果大小(总体间的差异)和样本的容量有关。就传统统计方法所依据的虚无假设的显著性检验与科学研究理论的证实间的关系来说,George 等人认为,对虚无假设的显著性检验最严重的限制是研究者集中一个实验的结果来说明科学假设。从心理学的理论发现来说,一个实验能提供科学假设的确定性检验是极少的。但如果一个实验结果所提供的有价值信息引起研究者重视,从而进行多种条件下的同类研究和广泛的实验,这就为元分析研究在数据资料上作好了充足的准备。元分析方法是综合了来自一系列的独立研究的数据进行再分析,因此它更具有代表性和一般意义。另外 Cohen 还提出,研究者以置信限制的形式报告效果大小后,还应该报告其置信区间。因为置信区间包括了发现在显著性检验中的所有信息,而且更多。因此可以看出,两种方法有着紧密的联系,虚无假设的显著性检验、置信区间和元分析方法绝不是相互对立的,而是互相补充的,它们的相互融合将会带来心理学研究的发展和理论的更新。

(二) 模拟元分析的可靠性研究二

本研究借助计算机模拟实验研究的程序进行抽样研究,探讨在不同的总体效果大小、不同的样本容量和不同的随机抽样数目条件下,探讨不同效果大小条件下,进行元分析的可靠性标准。其目的是:在探讨传统统计 t 检验方法与元分析方法关系的基础上,为元分析方法的使用提供必要的理论和实际应用的支持。

1. 方法

(1) 构造被抽取样本的总体。本研究依据 Cohen 提出的两总体分布重叠程度所制定的检验效果大小的三个指标:两个总体分布重叠程度约为 85%,效果大小接近 0.20,此时总体间差异较小;两个总体分布重叠程度约为 67%,效果大小接近 0.50,此时总体间差异为中等;两个总体分布重叠程度约为 53%,效果大小约为 0.80,此时总体间差异为较大。利用计算机程序构造四个正态总体,4 个总体的标准差和容量确定为:$\sigma=9.87, N=5006$(数据的选取依据正态分布的基本假设,并经过正态分布检验),其四个总体的平均数分别为:$\mu_1=70, \mu_2=68.02, \mu_3=65.06, \mu_4=62.10$。构造被试总体设想:将总体 1 设计为实验组,而总体 2、总体 3 和总体 4 分别设计为控制组,使得总体 1 与总体 2、总体 1 与总体 3、总体 1 与总体 4 之间的差距分别为 1.98, 4.94, 7.90,即:实验组高出控制组分别为 1.98, 4.94, 7.90,对应的总体效果大小分别为 $\delta_1=0.20, \delta_2=0.50, \delta_3=0.80$。

(2) 实验设计。采用模拟实验组、控制组组间设计。

(3) 实验程序。根据实验设计,利用计算机随机抽样,分别从总体1与总体2、总体1与总体3、总体1与总体4抽取样本,容量分别为:$n_1+n_2=30,50,70,90,110(n_1=n_2)$;样本个数为:10,20,30,50,75,100,300和500,抽样分布服从正态分布。对每一样本计算样本效果大小(公式6.1),并进行t检验(公式6.2)。

2. 结果

(1) 不同条件下传统t检验达到显著差异的数目。

在不同的总体效果大小(0.20,0.50,0.80)、不同的样本容量(30,50,70,90,110)和不同的随机抽取样本数目(10,20,30,50,75,100,300,500)条件下,进行差数显著性t检验,显著性水平$\alpha=0.05$。检验结果:t检验达到显著的数目分别见表6.9、表6.10和表6.11。

表6.9　$\delta_1=0.20$时差数t检验达到显著性差异的数目

样本数目	样本容量				
	30	50	70	90	110
10	0	0	1	2	3
20	0	2	3	5	1
30	1	1	2	2	5
50	4	4	4	3	13
75	2	10	12	15	14
100	4	13	16	14	20
300	35	29	38	53	59
500	49	52	62	73	103

表6.10　$\delta_2=0.50$差数t检验达到显著性差异的数目

样本数目	样本容量				
	30	50	70	90	110
10	7	7	5	6	8
20	5	10	10	12	12
30	8	12	16	17	26
50	11	21	34	38	36
75	17	26	43	54	56
100	25	46	45	57	81
300	86	131	154	200	236
500	137	202	271	333	378

表 6.11 $\delta_3=0.80$ 差数 t 检验达到显著性差异的数目

样本数目	样本容量				
	30	50	70	90	110
10	6	8	10	10	10
20	12	17	19	20	20
30	20	27	27	29	30
50	28	42	49	50	50
75	46	61	70	74	75
100	64	82	94	97	100
300	177	238	271	289	298
500	268	397	469	492	493

(2) 不同条件下的样本效果大小。

在不同的总体效果大小(0.20,0.50,0.80)、不同的样本容量(30,50,70,90,110)和不同的随机抽取样本数目(10,20,30,50,75,100,300,500)条件下,抽样样本效果大小的平均值 $\bar{d}$ 值分别列在表 6.12、表 6.13 和表 6.14 中。

表 6.12 $\delta_1=0.20$ 不同容量和不同抽样样本数目效果大小的平均值 $\bar{d}$

样本数目	样本容量				
	30	50	70	90	110
10	0.097	0.080	0.204	0.215	0.205
20	0.251	0.230	0.129	0.239	0.177
30	0.192	0.153	0.191	0.168	0.181
50	0.212	0.185	0.225	0.143	0.193
75	0.203	0.200	0.219	0.197	0.177
100	0.221	0.192	0.239	0.215	0.196
300	0.242	0.210	0.194	0.200	0.204
500	0.232	0.221	0.203	0.178	0.200

表 6.13 $\delta_2=0.50$ 不同容量和不同抽样样本数目效果大小的平均值 $\bar{d}$

样本数目	样本容量				
	30	50	70	90	110
10	0.974	0.682	0.547	0.531	0.488
20	0.504	0.511	0.500	0.476	0.456
30	0.530	0.480	0.485	0.457	0.524
50	0.535	0.541	0.510	0.503	0.503
75	0.465	0.447	0.503	0.516	0.487
100	0.494	0.531	0.450	0.486	0.520
300	0.538	0.512	0.506	0.524	0.536
500	0.517	0.503	0.510	0.510	0.507

表 6.14　$\delta_3=0.80$ 不同容量和不同抽样样本数目效果大小的平均值 $\bar{d}$

样本数目	样本容量				
	30	50	70	90	110
10	0.801	0.820	0.748	0.840	0.783
20	0.854	0.851	0.786	0.903	0.786
30	0.923	0.853	0.800	0.748	0.789
50	0.858	0.838	0.828	0.825	0.828
75	0.864	0.841	0.807	0.854	0.837
100	0.915	0.835	0.830	0.805	0.842
300	0.882	0.802	0.812	0.810	0.825
500	0.844	0.840	0.827	0.836	0.806

(3) 随机抽样样本效果大小的一致性分析。

对不同总体效果大小(0.20,0.50,0.80)、不同的样本容量(30,50,70,90,110)和不同的随机抽取样本数目(10,20,30,50,75,100,300,500)条件下的 120 个不同抽样样本团体，分别进行样本效果大小的一致性检验，即，检验随机抽取的样本效果大小是否来自特定的共同总体(计算公式略)。在三种总体效果大小条件下，检验结果如下：

$\delta_1=0.20$，抽样样本团体共 40 个，其中 36 个团体的结果是：随机抽取的样本效果大小来自特定的共同总体(总体效果大小为 0.20)，$\bar{d}$ 可以作为总体效果大小估计量。另外 4 个 (n_1+n_2) 分别为 30,30,70 和 90，抽样样本的数目相应为 75,300,50 和 20)不能作这样的推断。

$\delta_2=0.50$，抽样样本团体共 40 个，其中 38 个团体的结果是：随机抽取的样本效果大小来自特定的共同总体(总体效果大小为 0.50)，$\bar{d}$ 可以作为总体效果大小估计量。另外 2 个 (n_1+n_2) 分别为 50 和 90，抽样样本的数目相应为 300 和 50)不能作这样的推断。

$\delta_3=0.80$，抽样样本团体共 40 个，其中 38 个团体的结果是：随机抽取的样本效果大小来自特定的共同总体(总体效果大小为 0.80)，$\bar{d}$ 可以作为总体效果大小估计量。另外 2 个 (n_1+n_2) 分别为 90 和 110，抽样样本的数目相应为 20 和 50)不能作这样的推断。

3. 讨论

(1) 综合条件下的差数显著性 t 检验的分析。

差数显著性 t 检验是最常见的传统统计方法，它是以随机抽取的样本为依据对样本所来自的总体间的差异进行推断。因此，它不可避免地要受到总体效果大小、样本容量等因素的影响。对于不同的总体效果大小和样本容量，它们如何影响随机抽样后所进行的差数显著性 t 检验的结果？对于一个特定条件下的随机抽样

团体,差数显著性 t 检验的结果又与哪些因素有关?主要包括以下几方面:

① 从表 6.9、表 6.10 和表 6.11 可以看出,对差数显著性 t 检验产生主要影响的是总体的效果大小。在确定样本容量的条件下,差数 t 检验达到显著差异($\alpha=0.05$)的比例随总体效果大小的变化而变化,基本不受随机抽样数目的影响。如,在确定样本容量的条件下,以达到 t 检验显著差异的比例的中数为指标,在不同总体效果大小之间进行比较。当样本容量为 $n_1+n_2=30$ 时,总体效果大小分别为 0.20,0.50 和 0.80,达到 t 检验显著差异的比例的中数分别为 2.7%,25% 和 60%;当样本容量为 $n_1+n_2=70$ 时,总体效果大小分别为 0.20,0.50 和 0.80,达到 t 检验显著差异的比例的中数分别为 13%,51% 和 94%;当样本容量为 $n_1+n_2=110$ 时,总体效果大小分别为 0.20,0.50 和 0.80,达到 t 检验显著差异的比例的中数分别为 20%,76% 和 100%。

② 在特定总体效果大小的条件下,样本容量也对差数显著性 t 检验产生影响,t 检验达到显著差异的比例随样本容量的增加而增加。如,总体效果大小 $\delta_2=0.50$,随机抽样数目为 75 个,t 检验达到显著差异的比例随样本容量由 30 增加到 110,其比例也随着增加:23%,35%,57%,72%,75%;再如,总体效果大小 $\delta_3=0.80$,随机抽样数目为 100 个,t 检验达到显著差异的比例随样本容量由 30 增加到 110,比例的增加分别为:64%,82%,94%,97%,100%。

③ 在特定总体效果大小和样本容量条件下,t 检验达到显著差异的比例并不随抽样样本数目的增加而发生有规律的波动,比例的全距(最大值与最小值之间的差异)变化不大,一般约为 20%。如,总体效果大小 $\delta_2=0.50$,$n_1+n_2=90$,随机抽样样本数目以 10,20,30,50,75,100,300,500 增加,相应的 t 检验达到显著差异的比例分别为:60%,60%,57%,76%,72%,57%,67%,67%,比例的全距约为 19%。

④ 就 t 检验达到显著差异数目的比例来看,在心理学实验研究中,样本容量应选为 $70(n_1+n_2)$ 以上,这时,如果总体间存在差异的话(总体效果大小在 0.50 以上),随机抽样 t 检验的结果达到显著差异的可能性不会低于 50%;总体间的差异越大,随机抽样 t 检验的结果达到显著差异的可能性就越大;如果样本容量仍选为 70,总体间有极显著的差异(总体效果大小在 0.80 以上),随机抽样 t 检验的结果达到显著差异的可能性不会低于 90%。

由此可见,总体间的差异(也就是总体的效果大小)和样本的容量是决定实验研究的关键,在心理学研究中应特别加以注意。

(2) 综合条件下的抽样样本效果大小平均值 $\bar{d}$ 的分析。

表 6.12、表 6.13 和表 6.14 中的 $\bar{d}$ 是在不同总体效果大小(0.20,0.50,0.80)、不同样本容量(30,50,70,90,110)和不同抽样样本数目(10,20,30,50,75,100,300,500)的条件下得到的抽样样本效果大小的平均值。这样做的目的是探

讨:以样本的效果大小对总体效果大小进行推断时,样本效果大小的平均值与总体效果大小的差异有多大?结果发现,抽样样本的数量和样本的容量对样本效果大小有很大的影响,而抽样样本的数量影响更大一些。如在表 6.12 中,$\delta_1=0.20$,样本容量为 70,抽样样本数目为 20,抽样样本效果大小的平均值 $\bar{d}$ 为 0.129,与总体效果大小为 0.20 相差较大;再如在表 6.13 中,$\delta_2=0.50$,样本容量为 50,抽样样本数目为 10,抽样样本效果大小的平均值 $\bar{d}$ 为 0.682,与总体效果大小为 0.50 相差较大。对于这样的情况,以抽样样本的效果大小对总体效果大小进行估计时将产生较大的误差。从表 6.12、表 6.13 和表 6.14 中发现,样本效果大小的平均值 $\bar{d}$ 与总体效果大小差距较大可能与样本容量过小($n_1+n_2=30,50$)和抽样样本数目太少(10,20)有关。如果对样本容量和抽样样本数目进行限制,取样本容量为 70(含 70)以上,且抽样样本数目在 30(含 30)以上,结果会发现在表 6.12、表 6.13 和表 6.14 中出现样本效果大小平均值 $\bar{d}$ 与总体效果大小相差较大的可能性大大减少。由此可见,抽样样本的效果大小平均值 $\bar{d}$ 受样本容量和抽样数目的影响。以样本的效果大小对总体的效果大小进行推断,理想的条件是样本容量 70 以上,且抽样样本数目在 30 以上,这时以抽样样本效果大小对总体效果大小进行估计将是比较可靠的。

  传统统计的 t 检验方法和以样本效果大小对总体效果大小进行推断的元分析方法相比较,尽管两者有很多的不同,但它们对样本容量的要求应该是一致的,即都希望实验研究的样本容量在 70 以上,这应该在今后的实验研究中加以注意。

  (3) 抽样样本效果大小的一致性分析。

  上述的讨论表明,在特定的样本容量和抽样样本数量的条件下,以样本效果大小的平均值对总体效果大小的估计是准确、可靠的。然而,所抽取的样本效果大小是否来自于共同的总体,必须要在随机抽样样本效果大小一致性分析的基础上才能作出最后的结论。本研究结果表明,随机抽样样本效果大小一致来自于共同的总体占整个结果的 93%,也就是说,在所分析的 120 个抽样结果中,93% 的结果保证了样本效果大小来自于共同的总体,并且样本效果大小的平均值可以准确地作为总体效果大小的估计值。另外 7% 的不一致分别发生在三种总体效果大小条件下,并且在样本容量和抽样样本数目条件下几乎是均匀地分布。由此可以推断,这种不一致的发生可能是由于随机抽样误差所致。综上所述,排除随机抽样误差的原因,在一定的条件下,以抽样样本效果大小的平均值作为总体效果大小的估计值是准确、可靠和一致的。

  4. 结论

  以传统统计方法进行心理学研究,总体效果大小和样本容量对虚无假设的显著性 t 检验起着重要的作用,估计总体效果大小在 0.50 以上时,抽样样本的容量

变化会对 t 检验达到显著标准产生影响:容量为 70,t 检验达到显著标准的可能性不低于 50%;容量为 90,t 检验达到显著标准的可能性约为 60% 或更高;容量为 110,t 检验达到显著标准的可能性约为 70% 或更高。估计总体效果大小在 0.80 以上时,t 检验达到显著标准的可能性会更高。

在元分析研究中,以抽样样本效果大小的平均值作为总体效果大小的估计值,选择样本容量在 70 以上、抽样样本数目在 30 以上,结果将是准确、可靠和一致的。如果抽样样本数目在 50 以上,进行元分析的研究,其结果将是更理想的。

四、元分析方法的展望

通过上述实验,我们对比了传统统计方法与元分析方法在实验研究中的作用,提出了元分析方法在实验研究中的特殊意义。然而与任何统计测量技术一样,元分析方法也有它的缺陷。Glass(1981)等人也曾指出:① 元分析的综合研究方法依然有所谓的"文件柜问题",即过于依赖已发表的研究。未发表的研究报告或许仍被藏在"文件柜"中;故难以准确表达所调查的"实情"。② 这种方法对低水平的研究给予了过多重视,即元分析对差的研究与好的研究都作了同样加权分配。③ 由于研究者可能对同一数据从不同角度给出多个研究报告,人们批评元分析方法会将许多并非独立的结果结合到一起。若从同一测量中推出了多重结果,该测量数据必定比其他测量数据给出更多加权。

为此,美国学者 Bullock(1988)提出 14 条标准,用来评价元分析研究。他认为,任何一项元分析研究都应该符合以下标准:

(1) 采用一个理论模型作为研究基础,在这一模型范围内检验其假说。
(2) 精确辨明所要检验假说的内容范围。
(3) 在所确定的内容范围内把所有可以发表的研究都包括进来(不仅仅是已发表的显然能被采纳的研究)。
(4) 避免只是按照数字精度、研究年限或出版地点对研究进行取舍。
(5) 列出有效的、最终用于元分析的研究目录。
(6) 依照理论模型对各项研究进行归类选择和详细编码。
(7) 给出详尽的编码文件和解决编码过程中出现问题的方法,包括如何处理缺失数据。
(8) 采取多重比率用于编码方案,且提出比率间可靠性的严格估计。
(9) 报告所有分析的变量,避免出现变量子集的机遇联系。
(10) 制出有效的、用于分析的数据集。
(11) 考察、推断从发现中得到各种解释。

(12) 在研究所确定的范围内限制和避免对新研究结果的一般化。

(13) 报告所选取样本的特点,以利于理解实际用于分析领域的本质和限制。

(14) 尽可能详尽地报告整个研究结果,并允许有直接的回答。

这 14 条标准是基于元分析研究的理论基础,涉及报告所采用的数据文献有效性问题。Bullock 认为,运用这样的评估准则,就等于在心理学以及相应学科内建立并保持一高水平的元分析研究标准。

参 考 文 献

郭春彦,朱滢(1997). 检验能力对统计显著性检验的影响. 心理科学,20(5):410~413

郭春彦,朱滢(1997). 传统统计方法面临的挑战:元分析方法. 心理学报,29(2):130~136

郭春彦,朱滢(1997). 差数显著性 t 检验与元分析的对比研究. 心理学报,29(4):436~442

郭春彦,朱滢(1997). 效果大小对统计检验能力的影响. 香港心理学会学报,2

郭春彦,朱滢(2002). 差数显著性 t 检验与元分析的模拟对比研究. 心理学报,34(2):155~159

庄楚强等(1992). 应用数理统计基础. 广州:华南理工大学出版社,206~211

周林(1992). 元分析方法简介. 心理发展与教育,2:27~31

Cohen J(1992). A Power Primer. Psycholocal Bulletin, 112(1):155~159

Dunlap W P, Cortina J M, Vaslow J B, & Burke M B(1996). Meta-analysis of experiments with matched groups or repeated measures design. Psychological methods, 1(2):170~177

Fox P T, Laird A R, & Lancaster J L(2005). Coordinate-based voxel-wise meta-analysis: dividends of spatial normalization. Report of a virtual workshop. Human Brain Mapping, 25(1):1~5

Hagen R L(1997). In praise of the null hypothesis statistical test. American Psychologist, 52(1):15~24

Hedges L V & Olkin I(1985). Statistical Methods for Meta-Analysis. FL, Orlando:Academic Press, 85~124

Howell D C(1987). Statistical Methods for Psychology. Boston:PWS-Kent, 195~209

Judd C M, McClelland G H, & Culhane S E(1995). Data analysis:continuing issues in the everyday analysis of psychological data. Annual Reviews Psychology, 433~465

Laird A R, Fox P M, & Price C J, et al(2005). ALE meta-analysis:controlling the false discovery rate and performing statistical contrasts. Human Brain Mapping, 25(1):155~164

Petacchi A, Laird A R, Fox P T, & Bower J M(2005). Cerebellum and auditory function: an ALE meta-analysis of functional neuroimaging studies. Human Brain Mapping, 25(1):118~128

Prentice D A & Miller D T(1992). When small effects are impressive. Psycholocal Bulletin, 112(1):160~164

Rosenthal R(1991). Meta-Analysis Procedures for Social Research. CA, Beveriy Hills: Saga Publication, 13~20, 59~79

Schmidt F L(1992). What do data really mean? American Psychologist, 1173~1181

Schmidt F L(1996). Statistical significance testing and cumulative knowledge in psychology: implications for the training of researchers. Psychological Methods, 1(2): 115~129

Turkeltaub P E, Eden G F, Jones K M, & Zeffiro T A (2002). Meta-analysis of the functional neuroanatomy of single-word reading: method and validation. NeuroImage, 16: 765~780

7

实验中因果关系的概念

实验设计基本上就是指在一个实验中安排实验条件的方式,研究者通过实验设计想要确定有关的变量以及决定事件的原因。因为因果关系是实验设计的基础,我们简要介绍实验中因果关系的概念。

一、因果关系的一般概念

(一) 休谟定义因果关系的三条标准

18 世纪的英国哲学家休谟(Hume)提出了三条重要的标准来定义因果关系:① 人们通常假定,原因(cause)和结果(effect)在空间与时间上是密切相关的或邻近的(contiguous);② 原因必须先于结果;③ 原因与结果之间存在着必然的联系(a necessary connection)。为了理解第三条标准,我们需要引入两个概念:必要条件与充分条件。当我们说 A 是 B 的必要条件时,这意味着没有 A 就没有 B。但是,这并不意味着如果有 A 就必须有 B。因为 A 对 B 的出现虽然是必要的,但不是充分的。在这种情形下,其他一些条件也必须出现,才能使 B 出现。当说 A 是 B 的充分条件时,这意味着 A 是 B 的原因,但是,C,D,E 等也可能是 B 的充分条件,换句话说,A 只是 B 出现的多种原因中的一个(Plutchik, 1983)。

科学家将休谟的三条标准变成具体的、更适用于科学实践的表述。第一,原因与结果具有正相关关系。这条标准为心理学家从相关研究中推论出某种因果关系提供了依据(王二平,1990;王重鸣,1990)。第二,在时间上原因在前结果在后。第三,当宣称两事物之间存在因果关系时,就有可能排除对两事物之间关系的其他可能的解释。在心理学中这就是实验研究追求的内部效度。

(二) 原因与结果互换位置

原因与结果的联系具有相互作用的性质,即不仅原因产生结果,而且结果也能作用于原因,并改变原因,在因果之链中原因与结果在相互作用的过程中互换位置。在经济领域中,20世纪80年代我国实行改革开放政策以来,城市经济的发展是促成农村劳动力流向城市的原因,而农村劳动力流向城市又是城市经济加速发展的原因;在个人生涯发展中,幸运是一种良性循环。一个人努力做好他的工作,为他带来了幸运的机会(名牌大学、好的职位、戏中主角……),这是结果。第一次幸运的机会(结果),又成了获得第二次幸运机会的原因。在心理学实验研究中原因与结果也在互换位置,例如,Rubin(1983)想要确定,到底是哪些因素决定了一个单词能被回忆出来。他研究的因素包括单词的字母数目,是否容易读出,单词的想象性、情绪性、意义性、具体性、频率等,结果发现联想频率(associative frequency)是预测单字能回忆出来的最好指标;也可以说,它是影响单词能否回忆出来的最重要的原因。怎样看待联想频率这个原因呢?Rubin(1983)说得好:

"一个人会把联想频率本身看做是需要解释的变量而不是解释的原因……虽然一个人对某些单词为什么能被经常联想出来感到奇怪,但同样叫人奇怪的是,为什么某些单词经常在书面中使用。这就是说,目前很难设想许多概念比联想频率更为基本,从而对联想频率本身能提供满意的解释。"

Rubin(1983)把联想频率当做原因,联想频率高的单词记得好。人们要问,为什么联想频率高的单词记得好,它是怎样起作用的?如果进一步的研究能够加以解释,那么,联想频率自身就成了结果了。

(三) 寻找原因是一个艰难的认识过程

Plutchik(1983)提供了一个有趣的例子来说明,历史上人们是怎样寻找疟疾的病因的。

不管出于什么理由,医学家发现他们的假定令人满意:他们能发现某种疾病的"原因"。如果一个人考察某种疾病的历史,他会发现疾病原因的概念随着疾病的历史而变迁。一般说来,筛选病因的过程是这样的:人们可以对疾病情景中的某一因素加以控制。在许多情形下结果证明,如果人们能消除这个因素或减低它的影响,疾病就消失了,或者疾病的危害性就大大减少了。这确实是很理想的,人们因此有足够的理由说,他们发现了疾病的原因。在古代和中世纪,疟疾(malaria,古时该词也指污浊的空气)如像它的名称表示的那样,被设想是低洼地区的瘴气造成的。结果,城镇建筑在丘陵的顶部,就像今天意大利的情形。但疟疾并未消失,但它的发生率和危害性大大减少到可以维持正常生产和正常生活的水平。

在这个阶段似乎有足够的理由认为,污浊的空气是疟疾的原因,但从南美传到欧洲的奎宁(quinine)提示了寻找疟疾病因的另一条途径。奎宁能明显地减轻症状或治愈病人。19世纪末疟疾的寄生虫在病人的血液中被发现。奎宁的有效性被解释为它能消除血液中的寄生虫。现在,寄生虫变成疟疾的"原因",那些买得起奎宁以及有合理生活习惯的人们能够逃脱疟疾最严重的后果。然而,作为一个公共卫生的问题,事情还没有结束。进一步的研究使人们看到了疟疾的因果之链。这些研究很快得到了回报,寄生虫是由特定的某种蚊子传播的。从实践的目的来说,流行病疟疾的"原因"成了"蚊子",而人们的注意力转向控制蚊子的活动。

然而十分有趣的是,疟疾逐渐从世界上大部分地区消失而人们并没有对它做什么事情。美国波士顿和其他美国北部城市的沼泽地带仍在产生能传播寄生虫的蚊子,携带寄生虫的人们仍然不断来到这些地区;但报告最后一例疟疾病人以来,几十年已经过去了。这样的观察告诉我们,流行病疟疾发生的可能性是社会的、经济的以及生物的各种因素的最佳平衡,它们中的每一种必须达到一种合适的水平。我们现在仍然不能准确地完全描述这些充分条件,但我们知道在一个流行病的地区该做些什么事,因为我们已经把注意锁定在最必要的事情中的三或四件事上面。

二、米勒确立因果关系的方法

科学家在实验研究中总是要做出解释,说是某些原因造成了现有的结果。那么,这是怎样实现的呢?人们是怎样思考来达到因果关系的结论的呢?19世纪英国哲学家米勒(John Stuart Mill)归纳了几个规则,作为实验性地确定原因的基础供人们使用,相应地这些规则是实验设计方法的基础(Plutchik,1983)。运用这些规则就是在作"思维体操",使我们的思维符合逻辑;敏捷并能触及问题的关键之处。有时甚至在不具备多少知识的情况下,也能对某个问题作出较好的判断。

(一)一致的方法

如果有X就有Y。如果我们在两个或更多场合下发现,在每一场合Y出现的时候只有X在场,那么,我们可以说X是Y的充分条件。

但是,在现实生活中或在实验研究中,"只有X在场"这一点很难满足。例如,西方犯罪青少年多半来自离异家庭,但研究表明,家庭离异不是青少年犯罪的唯一原因,家庭经济状况、价值观念的冲突、社会流动性甚至生化的因素都与犯罪有关,任何其中的一个或几个都可能同时发生。因此,一致的方法(method of agreement)不适于作为明确的识别原因的方法。然而,它可以提供关于各种重要变量的线索,供人们在实验中进行考察。

（二）差别的方法

如果没有 X 就没有 Y。如果在 X 消失或不存在的情况下，Y 并不出现，那么，我们可以说 X 是 Y 的必要条件。

这种差别的方法（method of difference）在心理学实验中应用广泛。例如，要研究某种药物对学习的影响，研究者通过随机分配的方法将同一窝、同性别的小白鼠分成两组：一组在药物的影响下学习走迷宫，而另一组也在相同的条件下学习走迷宫但没有注射药物。如果实验结果表明，两组的学习能力有差别，我们就可以说这个差别是由药物造成的。但是，差别的方法也不是没有问题。上述例子里，怎么能做到或保证两组小白鼠除了药物之外在各个方面都一样？有人争辩说，不能保证在所有方面使两组小白鼠一样，但可以在与学习能力有关的变量上使它们一样。但问题又来了，如何知道哪些变量是与学习能力有关的？这个问题只有通过另一项实验才能解决，这样，我们就陷入了恶性循环。其实，这个恶性循环也许并不那么可怕。根据已有的知识，我们可以假设某些变量是与学习能力有关的，随后进行的实验可以检验我们的假设，通过一系列的实验——包括证实假设和否定假设的实验，逐步逼近对与学习能力有关的变量的认识。

（三）联合一致与差别的方法

与单一的一致或差别的方法相比，使用联合一致与差别的方法（joint method of agreement and difference）来确定因果关系，我们会得到关于 Y 的必要与充分条件的更好、更有效的结论。

下面的表 7.1 可以帮助我们理解为什么联合的方法是更好的方法。有 7 位顾客吃了不同的食物，结果有 5 位中毒了，你能判断哪种食物是引起中毒的原因吗？对第一位顾客来说，用一致的方法可以判断，汉堡与炸鸡可能是中毒的原因，但不能确定到底是汉堡还是炸鸡。对第二位顾客来说，用差别的方法可以判断，汉堡、沙拉和汽水都可能是中毒的必要条件。对第三位顾客来说，用差别的方法可以判断，汉堡和炸鸡都可能是中毒的必要条件。如此等等。总之，仅凭单一的一致的方法或差别的方法，我们不能明确地判断某种食物或某些食物导致中毒。但是，联合的方法可以使我们得到明确的答案。综合 8 位顾客的情况，我们发现，凡吃了汉堡的（1，4，6，7，8 顾客）就中毒（有 X 就有 Y），而没有吃汉堡的（2，3，5 顾客）就没有中毒（没有 X 就没有 Y），因此，我们断定吃汉堡是中毒的原因，吃汉堡是中毒的必要和充分条件。

表 7.1　一致与差别的方法示例*

顾客	吃汉堡	吃炸鸡	吃沙拉	喝汽水	食物中毒	方法
1	Y	Y	N	N	Y	一致
2	N	Y	N	N	N	差别
3	N	N	Y	Y	N	差别
4	Y	Y	Y	N	Y	一致
5	N	Y	N	N	N	差别
6	Y	Y	Y	Y	Y	一致
7	Y	Y	N	Y	Y	一致
8	Y	Y	N	N	Y	一致

* Y 表示吃了某种食物或食物中毒，N 表示没有吃某种食物或没有食物中毒。

心理学实验设计中组间设计或双独立组设计是最基本的一种，组间设计要求把被试分为两组：一组为实验组，接受自变量的作用；另一组为控制组，不接受自变量的作用。我们可以把组间设计表现为图 7.1，我们很容易看到它与联合的方法十分一致。

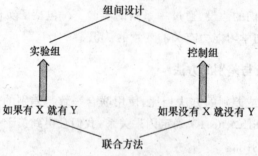

图 7.1　组间设计与联合的方法的对应

从图 7.1 我们应该认识到，米勒归纳的怎样确立因果关系的方法是心理实验设计的基础，心理实验设计是这些方法在心理实验中的具体应用。

（四）伴生变化的方法

米勒这样描述伴生变化的方法(method of concomitant variation)，"无论某种现象以任意的方式变化，总是伴随着另一种现象以特定的方式变化，我们说该现象或者是另一种现象的原因，或结果，或与它有因果关系的联系。"(Plutchik,1983)

伴生变化的方法实际上是差别方法的扩展。在差别方法中人们比较两组在某一因素上的有与无，而在伴生变化的方法中人们比较三组或更多的组在某一因素数值上的变化。因此，这种方法可以用公式 $y=f(x)$ 来表示，它的意思是：y 因素的变化与 x 因素的变化具有函数关系，即 y 是 x 的函数。如果我们把伴生变化的方法看成是函数实验(参见第3章),那么,伴生变化的方法比一致的方法、差别的方法或联合方法在确定因果关系方面都更有效。当然,我们也不要忘记,函数关系也包括相关关系,例如,学生的智商与学业成绩在整个学生生涯都存在相关关系,但这种简单的相关并不提供证据来说明两者之间存在因果关系。

上述米勒确定因果关系的几种方法各自都有一定的局限,它们都要求一定的前提假设(如一致的方法要求各种场合只有 x 出现,差别的方法要求除了比较的因素外其余各方面都要相等),而这些前提假设在科学实践中是不能完全满足的。不过,这不应该妨碍我们去追求真理,或对寻找事物的原因感到失望。"它只是简单地反映了这样的事实,即经验科学在它的发现和结论中总是带有一些疑点,并且它也总是能澄清这些疑点而扩展它的结论。随着科学的进步我们逐渐越来越完全地理解自然现象。"(Plutchik,1983)

三、脑成像研究中的推断方法

近年来随着应用脑成像技术于各种认知过程的研究迅速增多,从特定脑区激活推断特定认知过程的参与(这称为"反向推断"(reverse inference)),或从脑区激活模式区分不同认知理论(这称为"向前推断"(forward inference))的逻辑步骤逐步完善起来。"反向推断"的步骤大致如下:① 在本实验中当 A 任务比较(task comparison A)呈现时,脑区 Z 被激活。② 在其他研究中当假定的 X 认知过程参与时,那么脑区 Z 被激活。③ 因此,本研究中脑区 Z 的激活证明,A 任务比较保证了 X 认知过程的参与。"向前推断"的逻辑则与从实验性分离结果推断有关认知过程有密切关系,实验性分离在第 3 章已叙述过(Poldrack,2006;Henson,2006)。

参 考 文 献

王二平(1990). 相关法在实验心理学中的地位. 心理学动态,2:28~31

王重鸣(1990). 心理学研究方法,北京:人民教育出版社

Henson R (2006). Forward inference using functional neuroimaging: dissociations versus associations. Trends in Cognitive Science, 10(2): 65~69

Plutchik R (1983). Foundations of Experimental Research. 3th ed. New York: Harper & Row

Poldrack R A (2006). Can cognitive processes be inferred from neuroimaging data? Trends in Cognitive Science, 10(2): 59~63

Rubin D C (1983). Associative asymmetry, availability, and retrieval. Memory & Cognition, 11(1): 83~92

8

误差的来源与控制的性质

实验设计的各种方法,其目的就在于消除或减少误差,使研究设想中的因果关系得以明确地建立起来。因此,像因果关系的概念一样,误差的概念对实验设计也是十分重要的。Anderson(2001)说:"变异性使大自然向我们发出的信号变得模糊不清,这种变异性相应地被称为误差变异性或误差。如果这种变异性能被减少,大自然的信号将会更清楚。"图 8.1 是对 Anderson 说法的形象表达。

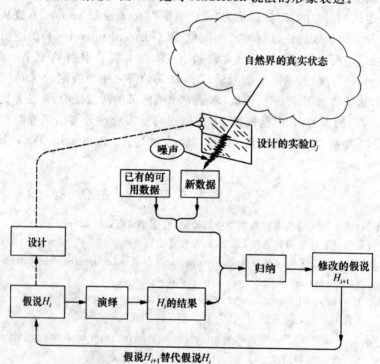

图 8.1 科学方法概观(Gauch,2005)
演绎法和归纳法用于使数据促成理论选择。其目标是使理论选择趋向真实的自然界状态。

在一项具体的实验中,误差可以定义为任何一个未特别指明的因素,这个因素影响一种实验条件或一个被试组,但不影响另一种实验条件或另一个被试组。下面我们就来讨论与误差有关的几个问题:误差的各种原因或来源;误差是测量实验优劣的标尺;单项实验研究的局限性。

一、误差的各种原因或来源

(一)忽略相关变量导致误差

如果我们对影响某一问题的因素了解愈多,我们就能愈恰当地计划研究。忽略相关变量常常导致误差。这就是为什么在实验之前要大量查阅文献的缘故。例如,在关于自我的脑成像研究中人们普遍使用他人参照的结果作为基线,来定位自我参照激活的脑区(Craik, et al, 1999; Gusnard, et al, 2001),典型的结果是,自我参照激活了内侧前额叶(medial prefrontal cortex)。但 Kircher 等人(2000; 2002)忽略了这些文献,以自我参照中"yes"的反应减去自我参照中"no"的反应来定位自我参照激活的脑区,结果,他们并未观察到内侧前额叶的激活。又例如,国内不少研究者仅以书籍作为参考文献,这类研究不仅谈不上创新性,而且与国际水平相比落后 10 年甚至 20 年以上。

虽然查阅文献在研究工作中十分重要,但是,诺贝尔生理学或医学奖获得者 P. B. Medawar(梅达沃)曾劝告青年科学工作者说,"新人当然要阅读文献,但要有选择地精读,不可读得大多";"接连数周、甚至数月地忙于'吃透文献',导致书本东西塞满了头脑,往往会使想象力受到束缚;无尽无休地跟在别人的成果后面穷追不舍,常常造成文献喧宾夺主的局面"。(梅达沃,1987)。查文献实质上是一种交流科研信息的方式,如果你有一个优良的工作环境来保证科研信息的丰富与畅通,那它就不仅仅会减少实验中的误差,而且它还是你走向成功的台阶。D. Alessi 的经历就是一个例子,他是一位年轻的分子生物学家,2005 年获得欧洲分子生物学组织的一个金奖。他所在的单位没有剑桥大学或哈佛大学那样的声誉,但包括了 80 个研究小组和 150 名科学家。"在所有的实验里所有的研究者彼此交流,所有的仪器都公用。如果谁有了新的发现,消息会在整座大楼迅速传开。"(Smaglik, 2005)

(二)对数据的不适当分析导致误差

Plutchik(1983)指出,在心理学发展的早期(20 世纪 40 年代),除了某种倾向和变异的简单测量,人们很少使用统计程序,临床心理的文献以及大量的动物研究都是描述性的。随着心理学研究逐步深入,愈来愈复杂的仪器、实验设计、数学与统计程序得到应用,与这些复杂性相关的就是计算的误差大大增加了。例如,χ^2 检验用于估计预期的与观察到的事件频率之间的显著差异时,常常使用不当,主要问题是涉及的次数太少。因此,在 χ^2 检验中,当自由度 $df=1$,而且预期次数较小时,应该对 χ^2 值进行校正。另一个问题是进行大量的 t 检验时出现的。理论上,如果进行 100 次 t 检验,光凭机遇我们也能在 5% 水平上获得 5 次显著性差异。因此,在一个实验中要进行多个 t 检验比较时,显著性水平应该更为严格。还有,当 3 个或更多的实验条件进行两两 t 检验比较时,首先应该进行方差分析,如果 F 检验达到显著性水平,才能进行 t 检验。随着脑成像技术在心理学研究中的广泛应用,各种数据处理的方法(如 SPM99,SPM2)不断涌现、改进,研究者应当选择最适合自己的研究的一种,不然,也可视为是数据处理不当而造成误差。

(三) 不适当的取样导致误差

实验中被试的取样不当会带来误差,我们在第 4 章中已经讨论过,这里不再重复。

(四) 与研究者(实验者)有关的误差

1. 实验者的预期导致误差

1963 年 Rosenthal 等人发表的关于聪明白鼠和笨白鼠的研究,是心理学史上著名的例子来说明实验者的预期怎样导致了实验结果的误差。Rosenthal 等人让一组实验者(6 名学生)相信,他们每人要训练的 5 只小白鼠很聪明,学走迷宫非常快,而让另一组实验者(6 名)相信,他们每人要训练的 5 只小白鼠很笨,学习走迷宫很困难。实际上,不同组的小白鼠都是从同一窝里随机挑选的。因此,在这个实验中唯一的差别是两组实验者关于小白鼠的预期。他们的实验结果见表 8.1 和表 8.2。

表 8.1 每只白鼠每天正确反应的数目

天	聪明鼠	笨白鼠	t	p(单尾)
1	1.33	0.73	2.54	0.03
2	1.60	1.10	1.02	不显著
3	2.60	2.23	0.29	不显著
4	2.83	1.83	2.28	0.05
5	3.26	1.83	2.37	0.03
平均值	2.32	1.54	4.01	0.01

表 8.2　作出正确反应所花的平均时间/min

天	聪明鼠	笨白鼠	t	p(单尾)
1	3.13	3.99		不显著
2	2.75	4.76		不显著
3	2.05	3.20		不显著
4	2.09	2.18		不显著
5	1.75	3.20		不显著
平均值	2.35	3.47	3.50	0.02

表 8.1 表 8.2 的结果表明,聪明白鼠比笨白鼠作出了更多的正确反应,而且,聪明白鼠的正确反应每天都比笨白鼠的正确反应要快。第三,聪明白鼠在正确反应数目和速度两方面随练习天数逐步得到改善,但笨白鼠没有这种趋势。

Banyard 和 Grayson(1996)认为,上述结果的确表明,在动物实验中实验者的预期造成了实验的误差。那么,我们自然会推测,在以人为被试的实验中实验者的预期也会影响实验的结果。在药物实验中为了避免这种情况,对新药的测试采取双盲法(double-blind design)进行。在双盲法中,实验者与被试都不知道实验的假设,在实验的任何阶段实验者都不知道哪些被试接受药物哪些被试接受安慰剂,在这种情形下,实验者不可能有什么预期来影响实验。

与实验者有关的误差还包括:实验者没有严格按照实验程序进行实验;实验者在登记数据或转录数据时出错,并且,这种错误是有利于实验者意愿的。

2. 研究者与实验者伪造数据

Plutchik(1983)指出,出于要发现"显著性差别"和发表文章的动机,心理学界一些研究者与实验者伪造数据。2006 年世界范围内最大的学术造假事件是黄禹锡事件。韩国克隆专家黄禹锡在 2004 年《科学》杂志上发表的论文中采用了虚假数据,没有现存的真正胚胎干细胞支持这项研究;他在 2005 年《科学》杂志上刊登的有关患者匹配型干细胞的论文也造假,11 个干细胞系的实验数据都是根据两个干细胞系捏造出来的。舆论认为,急于求成的文化和获得国际认可的热切愿望是这一事件的部分原因。科学家也认识到应该制订更加严格的学术道德自律标准,并对传说中的"科学突破"实行更加严格的核查措施。黄禹锡事件再次提示了一条行之有效的检验研究结果真实性的最好方法:实验结果能否由不同的研究者、不同的实验室加以重复。

中国的学术风气也令人担忧。以北京大学为例,1995 年和 2002 年相继出现了教师抄袭事件。以学术严谨著称的北京大学也免不了学术诚信危机,而学术诚信是学术健康发展的基石之一。

(四) 使用二手不准确的材料导致的误差

有一些误差不与实验本身有关,而与报告它们的方式以及科学文献中传播这些研究信息的方式有关。

Plutchik(1983)举出的一个有趣的这类例子是报告有名的霍桑研究,即大家熟知的霍桑效应(Hawthorne effect)。1924年西方电器公司在它的芝加哥工厂开始了一系列的研究,来探讨一些变量的效果,如室内照明、休息周期、工作时间长短、夏季使用风扇、按件付酬的工资制度,以及使用和善的监工代替专制的工头,等等。这些研究一直继续到1932年。这些研究结果首次以一则12个段落的新闻摘要,登在1927年的报纸上以及当时的《西方电器备忘录》(Western Electric memorandum,但现在无从查找)上。根据这一有限的信息,对这些研究的描述与解释在1939年出版,自那以后至1974年几百份报告、教科书的章节不断地复述或编改1939年的出版物。

霍桑研究结果的一般描述是,检查部件和组装中继设备与线圈的女工工作逐步加快,无论照明增加或是减少,也无论大多数工作条件是怎样变化的。对这些想象中的发现的解释通常依赖诸 如"士气"(morale)、"内聚力"(cohesiveness)、"注意"等概念。

然而,在对已有证据作详细考证后,Parsons在1974年和1978年得出的两个基本结论却为大多数人忽略了。第一,工人的产量不是在所有条件下都有提高。第二,产量只在两类条件下得到提高,即当工人每天获得关于他们的产量的信息反馈时,以及当实行新的计件付酬办法使她们比工厂里的其他人能挣到更多工钱时。用Parsons的话说,"霍桑效应的嫌疑犯是信息反馈,而它的帮凶则是计件工资办法"。这样看来,这么多年来关于霍桑效应的不正确信息和解释一直在流传。这种误差的基础是不加鉴别的信赖二手材料;这种误差的一个后果就是,不是根据研究发现来提出实验假设。

二、误差是一把尺子

Anderson(2001)认为,误差是衡量实验效应的一把尺子,误差愈小愈好。通过实验程序与统计设计(statistical design)减少误差是研究者要考虑的两个基本环节。误差可以分解为多个成分,它们是:个体差别(individual difference),个体自身的变异,仪器的误差,程序的缺点以及周围环境的影响。下面我们讨论个体差别与周围环境影响两部分。

(一) 个体差别的克服方法

1. 实验卫生学

要获得高质量的数据,实验中应该注意许多细节,保持实验的"卫生"。

被试很容易误解指示语,因此应该在准备实验中反复修改。例如,在一项Bayesian壶的任务中,被试看到壶里的红珠子或白珠子被连续地拿出来以后要判断壶里红珠子比白珠子多的概率。以前的实验都假定,被试会判断概率,但基于这种假定的实验研究表明,被试实际上是在做另一件事,即他们是在估计样本中红珠子的比例。

实验程序应该符合任务与被试和谐一致的原则,儿童实验开始时,叫小孩的名字会使他安静下来;小白鼠实验好的开始是和蔼待之,以减少它的害怕。

2. 被试分层

通过筛选可以把不合格的被试排除,如色盲、失聪等。极端的被试会造成极端的数据,而小样本中一个极端数据就会增加很大的变异从而降低检出实验效果的能力。

被试分层的做法结合在实验设计中会收到双重效益,既大大减少了误差又增加了实验结果的适用性。这方面的实例是Pimsleur和Bonkowski在1961年的一项研究。儿童学习语言是从口语开始的,后来才转到视觉学习,外语教学是否也应该以同样方式进行呢?他们让一组被试学习口头呈现的一系列成对联想词,然后以视觉呈现的方式重学,这就是听觉-视觉方式。另一组以相反的方式学习,即视觉-听觉方式。因变量即反应测量是达到一定标准所需的学习遍数,例如,在听觉-视觉方式中以听觉方式达到标准所需学习遍数加上以视觉方式学习同样的词对达标准所需学习遍数。这种聪明的学习-再学习的程序大致使两组的学习任务相等,但又能让开始的学习方式的任何优越性显现出来。被试按他们第一外语西班牙语的成绩分为优等生组和较差生组;成对联想词由10个无意义的双音节作为刺激,常用的英语颜色词作为反应。

实验结果见表8.3。从表中平均数可以看到,两组被试中听觉-视觉方式均优于视觉-听觉方式。听觉-视觉方式下较差生少学7遍,而优等生少学2.42遍。

表8.3 不同顺序呈现方式学习外语所需遍数*

按成绩分组	听觉-视觉	视觉-听觉
优等生	9.15	11.57
较差生	11.71	18.71

* $n = 7$, $\sum y^2 = 5572$。

表 8.4 是将被试分层(分组)和不分层的统计结果的比较。

表 8.4 表 8.3 数据的两种分析

不分组				分组			
变异来源	df	MS	F 值	变异来源	df	MS	F 值
方式	1	156	4.83*	方式	1	156	5.88*
误差	24	32.37		分组	1	165	6.22*
				方式×分组	1	37	1.39
				误差	24	26.54	

* $p<0.05$。

从表 8.4 可以看到,将被试按第一外语成绩分组(优等生或较差生)收益巨大。通过分组,研究者证实同样的先听觉后视觉的学习方法对优等生和较差生都有效。由分组的方差分析表明,分组把优等生与较差生之间的组间变异从误差的平方和(SS_{error})中删除,结果(不分组的)误差的均方(MS_{error})从 32.37 降低至 26.54,增加了 20%的效率。这样,分组使结果的适用性增大了,也增加了统计检验能力。

3. 使用组内设计

组内设计中每一被试都以自己为对照组,因此个体差异的主要效应被消除。在可以使用组内设计的场合,它受到广泛推荐。

(二) 额外变量造成的误差

(1) 环境中注意的因素。实验中要保证被试集中注意,因此,原则上人类被试的实验应单独进行,特别是儿童实验。儿童实验最好在宽敞的地方进行,这样容易使儿童保持兴趣从而专心于实验任务。

(2) 将额外变量结合进实验设计。如果实验中有两个实验者,那么,每个实验者实施每种条件下的一半被试,这样做有双重的好处:一是避免了实验者与实验条件的混淆;二是可以检查不同实验者对结果的影响。

(三) 反应测量造成的误差

变异性也依赖于反应是怎样测量的,小白鼠走迷宫花的时间或儿童做算术花的时间与速度的指标都可用,但速度的指标变异性稍大,因为速度是计算出来的,包含计算误差。准备实验(pilot experiment)可以对被试的反应指标和反应方式提出修正以减少误差,因此要予以重视。各个心理学领域的实验研究的"方法"部分有许多可借鉴之处,要注意学习。

三、实验研究中控制的概念

上述实验研究中各种误差的存在说明了控制(control)的必要性。正像图 8.1 所示,实验设计与控制的目的之一,就在于避免误差,或者检测出误差,或者将误差均匀地分布在各种实验条件,或者同时实现两个目标。如刚才叙述的,将实验者效应均匀分布在不同实验条件,并把它检测出来。但控制一词在实验研究中有着更广泛的含义。

科学史上最早的控制实验可以追溯到 1648 年 Pascal 的实验,他发现水银柱的高度依赖于海拔高度(altitude),在这种情况下他实施的控制就是沿着山坡的不同地点以及在山脚来测量水银柱高度。在这里,控制的意思就是设立一个基线水平,将测量的结果与基线水平比较。1893 年前《新英语词典》(The New English Dictionarty)已将控制定义为"一种比较的标准,用以核对应用差别方法(the method of difference)从实验中得出的推断"。

心理学中 19 世纪 70 年代 Wundt 在校准(calibration)的意义上使用控制一词,1901 年前 Thorndike 和 Woodworth 已认识到在训练的迁移的实验研究中需要有控制组,但直到 1908 年控制组才第一次开始使用。1933 年心理学杂志 11% 的文章使用了控制组,到 1951 年 52% 的研究使用控制组。

这样看来,控制主要用做两种条件或多种条件、两组或多组的比较的基础,换句话说,控制代表一个参照点。例如,如果你想研究药物对某种行为或智商的影响,那么,没有药物的条件就代表一个参照点,用于估量药物影响下行为或智商的改变。控制在实验研究还有另外两种含义:一是指操纵或改变变量或条件,即控制实验中的自变量包括自变量的个数与每个自变量的大小;二是指保持额外变量恒定,即除了要研究的自变量外,其余的各种变量均应保持恒定,不然,实验中就会产生混淆。实验中实施控制需要相应的知识和能力,包括对所研究的问题的相关知识,实验设计的一般知识,时间与金钱的考虑以及想象力与原创性等,因此实验研究不仅是科学,也是艺术(Plutchik,1983)。

在"误差的来源"与"误差是衡量实验优劣的尺子"两部分中,我们在叙述各种误差的同时也给出了应对误差的方法。但是,即便我们尽可能对实验施加控制,单个实验中的误差仍然是不可避免的,因此,需要对某个问题开展一系列的实验研究。

四、单个实验研究的局限性

由于实验研究中误差的存在以及应对误差是一个不断完善的过程,因此我们不要过于看重单个实验研究的意义。Plutchik(1983)指出:"在任何一项实验研究中存在着如此多的陷阱,因此,我们不应该过于看重某一单项研究。任何一项实验研究的结果应该能够被多次重复出来,重复实验的研究者具有不同的理论背景或使用不同的实验范式,只有如此,实验结果才被接受为所研究领域的有机部分。"近二十年后,Tulving(2002)在心理学发展的认知神经科学时期也同样指出了单个实验研究的局限性,并给出了一个解决办法。Tulving(2002)指出,"任何单项研究总是可以用不同方式给予解释。来自大量研究的以实验证据为依据的规律性则必然带有更大的强制性"。他以情景记忆的编码-提取半球不对称模型(hemispheric encoding/retrieval asymmetry, HERA)为例,说明该模型就代表了一种对经验发现的规律性的解释。HERA 模型说,左侧前额叶比右侧前额叶更多地参与情景记忆的编码,而右侧前额叶比左侧前额叶更多地参与情景记忆的提取。HERA 模型得到三十多项 PET 和 fMRI 实验的支持,它不仅适用于语词材料也适用于非语词材料。

附录

黄禹锡事件给亚洲的科学教训[①]

[英国《金融时报》1月31日文章]题:韩国带给整个亚洲的科学教训(作者居伊·容凯尔)

克隆人体胚胎的天才沦为论文造假的谎言家,韩国科学家黄禹锡的科学丑闻曝光对韩国一向敏感的民族自豪感是一大打击。这对其他东亚国家也是一个教训,因为它们正在加紧发展知识密集型的经济。

东亚地区正展开一场攀登科学制高点的竞赛。大量资金投向了极尽铺张的实验室和杰出的教育机构。雄心勃勃的研究计划激增,目的是要在政府认为会促进经济发展和提升国家威望的领域占据领先地位。

然而,黄禹锡事件提醒人们,科学突破不仅需要杰出的智慧、一流的设施和政府慷慨的支持,一种鼓励思想独立、挑战精神和健康的怀疑态度的文化也同样重要。然而这也在韩国没有得到高度重视。不仅黄禹锡的工作没有受到同事们的严格检验,而且他本人因受到媒体的追捧、公众的崇拜和政府的敬重而免于批评。

---

① 引自 2006 年 2 月 2 日《参考消息》。

将大赌注押在国家一流的研究和开发计划上是危险的。历史证明多数计划付出昂贵的代价后最终失败。

不过韩国还有一个不利于科学取得突破的阻碍,而且也是东亚其他国家所面临的一个问题:社会等级森严。这往往在实验室的组织机构上得到反映——盲从权威,不鼓励发表不同意见和直言不讳的批评。而且教育制度历来强调死记硬背,学习环境不利于自由思考。

如果科学与社会主流隔绝,它就有可能成为政府的工具,而非传播知识、造福大众的公器。科学的进步带来了越来越多的伦理问题,然而解决这些伦理问题的机制受到了削弱。思维自由受到限制,遭殃的是创造力。

这并不是说亚洲推动前沿科学研究的庞大计划都注定要失败。如果在科学研究上及其所处的环境中少些专制,少些顺从,多些质疑,多些不同意见,那么那些计划成功的可能性就会增大。

参考文献

〔美〕Gauch H G Jr (2005).科学方法实践.王义豹译.北京:清华大学出版社,327

〔英〕P B 梅达沃(1987).寄语青年科学工作者.北京:科学出版社

Anderson N H (2001). Empirical Direction in Design and Analysis. NJ, Mahwah: Lawrence Erlbaum Associates

Banyard P & Grayson A (1996). Introducing Psychotogical Research. New York: New York University Press, 402~407

Craik F I M & Morog T M, et al (1999). In search of the self: a positron emission tomography study. Psychological Science, 10: 26~34

Gusnard D A, Akbudak E, Shulman G L, & Raichle M E (2001). Medial prefrontal cortex and Self-referential mental activity: relation to a default mode of brain function. Proc Natl Acad Sci USA, 98: 4259~4264

Kircher T J & Senior C, et al (2000). Towards a functional neuroanatomy of self processing: effects of faces and words. Cognitive Brain Research, 10: 133~144

Kircher T J, Brammer M, & Bullmore E, et al (2002). The neural correlates of intentional and incidental self processing. Neuropsychology, 40: 683~692

Plutchik R (1983). Foundations of Experimental Research. New York: Harper & Row

Smaglik P (2005). The path to success. Naturejobs,437: 1201

Tulving E (2002). Episodic memory: from mind to brain. Annual Reviews of Psychology, 53:1~25

9 实验设计方法

"由于历史的意外事件,解释数据资料的误差理论的发展与实验方法无关,因此,极为重要的原则被忽视了,这个原则是,实验的实际结果一定要制约统计程序对结果的解释。"(Plutchik,1983)几十年前 Fisher 提出了一条重要的原则,即实验结果本身、实验设计方法高于统计。在第1章我们已叙述 Anderson(2001)的类似于 Fisher 的思想,即在整个实验金字塔中统计检验是较次要的部分,而且统计检验受实验设计制约。在实验研究中我们选择实验设计方法时,所考虑的远不止统计的问题。而且,有时候现实生活提出的问题并没有统计模型可以模拟,但它的确是真实的问题。在讨论实验设计方法之前让我们认真思考并记住 Fisher 的原则。

实验设计可以看做是安排实验各种条件的方法,实验设计的目的在于消除或减少误差以便达到实验的目的,即确定某些变量、找出事件的原因。但实验设计不是死记硬背的公式,可以简单地把各实验组塞入公式而答案就由计算机给出。恰恰相反,在选择各种设计时通常会有许多困难的决策。

一、随机组设计

随机组设计(random groups design)属于组间设计,这种设计方法基本上如第7章米勒的差别的方法叙述的那样,其程序如下:

随机组1:实验处理测验
随机组2:无处理测验

没有施加处理的随机组2通常叫做控制组,它代表着一种参考水平来决定实验组(实验处理)是否有效。但这种设计的前提是实验组与控制组在测验前各方面都一样,这样,如果两组在测验上有差别,逻辑上就可以归结为是实验处理造成的。在实践中要随机挑选两个等组并不容易。而且,如果只使用两个随机组的话就变成了双价实验(双价实验的缺点我们已在第 3 章讨论过)。因此,在应用随机组设计时一方面要尽可能做到随机挑选被试,另外,为了克服双价实验的缺点,可以应用如下扩展了的随机组设计:

随机组 1: 无处理——→测验;
随机组 2: x 数量的处理——→测验;
随机组 3: $2x$ 数量的处理——→测验;
随机组 4: $3x$ 数量的处理——→测验;
随机组 5: $4x$ 数量的处理——→测验。

其中的 $x, 2x, 3x$ 等代表自变量的不同水平,并不一定要求整倍数的关系。

Craik(1994)开展的一项关于老年记忆的研究就是应用了这种扩展的随机组设计。他挑选了三组特点各异的老年组与青年组匹配,如表 9.1。然后在各种实验条件下被试学习单词,学习毕进行测验,测验结果如表 9.2。为了理解表 9.2,我们首先介绍 Craik(1990)关于老年记忆的基本观点。Craik 认为,像"晶态智力"在成年后并不减退而"液态智力"随年龄增长出现减退一样,某些记忆测验中年龄差异很大,而另一些记忆测验却没有年龄差异,这些不同记忆测验得到的结果应该由不同测验任务所要求的加工类型来说明。如果测验任务能得到强有力的环境线索的提示与支持,老年被试的记忆操作相对不受损害;如果测验任务无法得到环境(线索)的支持,而要求老年被试自己有意识地发动、组织有关的心理过程来完成,老年记忆的衰退就表现出来了。表 9.2 中的结果的基本特点是在组别与实验条件之间存在显著的交互作用。线索学习或线索回忆由于具有环境的支持因而能抵消老年化部分的消极影响。例如,在没有任何线索的自由学习-自由回忆条件下,老年 1 组与老年 2 组的成绩均不如青年组,但在线索学习-线索回忆条件下这两组的成绩与青年组一样好,甚至老年 3 组的成绩也相当好(5.5)。老年 1 组与 2 组的年龄、活跃程度一样,但社会经济状况不同,词语得分不同,表现在记忆成绩上 1 组比 2 组更好一些,例如,老年 1 组在②与③条件得分与青年组成绩接近。而老年 2 组只在②条件下与青年组成绩接近。总之,由于设立了三个老年组,他们在年龄,社

表 9.1 四组被试各种特点

特 点	组 别			
	老年 3 组	老年 2 组	老年 1 组	青年组
平均年龄	76.2	73.5	73.3	19.7
社会经济状况	低	低	高	中等
词语得分*	31.2	35.0	52.2	48.1
社交程度	低	高	高	高

* 每组 70 个被试在《韦氏成人智力量表》上的语词平均分。

会经济状况,词语能力与社会活跃程度各不相同,较好地代表了老年人群,因而实验结果具有较强的概括性。

表 9.2　四组被试的回忆成绩*

实验条件	组别			
	老年 3 组	老年 2 组	老年 1 组	青年组
① 线索学习-线索回忆	5.5	7.3	8.1	7.8
② 线索学习-自由回忆	2.2	5.4	5.8	5.6
③ 自由学习-线索回忆	2.2	4.5	5.3	5.8
④ 自由学习-自由回忆	2.4	4.6	4.7	6.0

* 表中数字是 10 个单词正确回忆的平均数,相同灰度背景的分数彼此间无显著差异。

二、组内设计

组内设计(within-groups design)又称重复测量设计,其基本思想是一个被试或一组被试按一种顺序完成各实验条件,而另一个被试或另一组被试在另一种顺序中进行实验,而且,被试必须随机地分配到不同的顺序上。

组内设计中每一被试都以自己为对照条件,这是其优点。由于同一被试在几种实验任务中,或在同种任务的重复测量中的结果倾向于高度相关,因此显著性检验的标准差值(许多对样本平均数的差形成的样本分布的标准差,standard error)就减少了,从而导致易于检测出较小的效应。从这点看来,组内设计比随机组设计对统计检验更为敏感。组内设计也不需要事先对被试进行测验以在某一特点上平衡被试(而随机区组设计要求实验前进行测量),因为每一被试与自身相比已经完全平衡。

组内设计的缺点在于,一种实验条件下的操作将会影响另一种实验条件下的操作,也就是实验顺序造成了麻烦。因为组内设计的实验中每一被试轮流在各种实验条件下进行实验,因此会使自变量与"练习"或"疲劳"的因素混淆起来。为了消除实验顺序带来的缺点,一是随机地排出各实验条件下的顺序,二是采用抵消平衡的方法。

抵消平衡被试接受实验条件(自变量)的顺序,使每种实验条件以各种顺序出现的机会相同,以达到平衡由重复测量所产生的无关变量对因变量的混淆作用。表 9.3 给出了三种色光反应时实验的系统抵消平衡顺序的一个例子(黄一宁,1998)。

表 9.3　抵消平衡无关变量接受自变量的顺序*

被试	红光	绿光	黄光
S_1	1	2	3
S_2	1	3	2
S_3	2	3	1
S_4	2	1	3
S_5	3	1	2
S_6	3	2	1

* 1,2,3 表示接受测验的先后；S_1 至 S_6 为不同的被试；一共有 6 种顺序，每种顺序的被试数应该相同，因此，被试的总数应是 6 的倍数，如 6,12,18 等。

对同一问题的研究如果使用不同的实验设计方法可能会有不同的结果。Challis 和 Brodbeck(1992)在综述了大量文献之后发现，虽然流行的观点认为加工水平(levels of processing)对补笔测验不起作用，但仍有少数实验报告表明，加工水平的确影响了补笔效果。而且，普遍的情形是语义条件(深加工水平)比单词的物理特征条件(字形、发音等浅加工水平)的补笔效果要大，虽然两者达不到显著性差异，但这一现象反复出现也不应忽视。他们认为，实验设计是影响补笔测验中加工水平效应的一个重要因素，因而系统地进行了实验。结果表明，组内设计(交替，mixed)不存在加工水平效应，但随机组设计与组内设计(区组，blocked)存在加工水平效应。

陈功香(2004)在博士论文"内外部线索在学习判断中的作用"对实验设计是否影响线索对学习判断的作用做了详尽的研究。被试在实验中学习成对的关联词，比如鲸鱼—手套、石灰—激光等。在每一对词呈现完后，只呈现前一个词(鲸鱼)，要求被试预测 10 分钟之后如果回忆一个词(手套)，把握有多大？被试输入不同数字表示其预测。最后，呈现关联词对中的前一个词，令被试回忆后一个词。陈功香(2004)论文中的四个实验的自变量设置见表 9.4。

表 9.4　四个实验的自变量设置

实验	词对类型	呈现时间	呈现顺序
实验三	被试间	被试内(区组)	区组的呈现时间(4 秒的区组先呈现或 8 秒的区组先呈现)
实验四	被试内(区组)	被试间	区组的词对类型(有意义的词对类型先呈现或无意义的词对类型先呈现)
实验五	被试间	被试内(交替)	列中词对的呈现时间(有意义词对类型或无意义词对类型按 4 秒与 8 秒交替呈现)
实验六	被试内(交替)	被试间	列中词对的意义性(按 RURU 或 URUR 呈现)*

* R 表示有意义词对，U 表示无意义词对。

与四个实验的自变量设置相对应的实验程序如表 9.5。

表 9.5　四个实验的自变量设置相应的程序

实验三	实验四
顺序 1：4444……8888……R	顺序 1：RRRR……UUUU……4 秒
顺序 2：8888……4444……R	顺序 2：UUUU……RRRR……4 秒
顺序 3：4444……8888……U	顺序 3：RRRR……UUUU……8 秒
顺序 4：8888……4444……U	顺序 4：UUUU……RRRR……8 秒
实验五	实验六
顺序 1：4848484848……R	顺序 1：RURURURURU……4 秒
顺序 2：8484848484……R	顺序 2：URURURURUR……4 秒
顺序 3：4848484848……U	顺序 3：RURURURURU……8 秒
顺序 4：8484848484……U	顺序 4：URURURURUR……8 秒

其中 C 代表顺序；4 是 4 秒，8 是 8 秒；R 表示有意义词对，U 表示无意义词对。以实验三为例，具体的实验程序就是：在顺序 1 时，先呈现有意义词对 4 秒 4 次，再呈现有意义词对 8 秒 4 次；在顺序 2 时，先呈现有意义词对 8 秒 4 次，再呈现有意义词对 4 秒 4 次；顺序 3 同顺序 1 但材料是无意义词对，顺序 4 同顺序 2 但材料是无意义词对。上述四种顺序每种均有 19 名大学生参与实验。实验四的具体程序是：在顺序 1 时，有意义词对先呈现 4 秒 4 次，然后是无意义词对呈现 4 秒 4 次，在顺序 2 时，无意义词对先呈现 4 秒 4 次，然后是有意义词对呈现 4 秒 4 次；顺序 3 同顺序 1 但呈现时间为 8 秒，顺序 4 同顺序 2，但呈现时间为 8 秒。上述四种顺序每种均有 16 名大学生参与实验。基于上述四个实验的一个发现是，词对的内部线索（如词对联想强度）在各种实验设计中对回忆成绩和学习判断均有显著影响，这说明内部线索的作用是稳定的，在预测回忆成绩时不会被低估。另一个发现是，呈现时间为被试内交替呈现时（实验五），词对的外部线索（如学习次数、呈现时间）对学习判断有显著影响；但在呈现时间为被试内区组呈现（实验三）和被试间呈现时（实验四与实验五），对学习判断没有显著影响，这说明外部线索受到不同呈现方式的影响。

上述 Challis 和 Brodbeck（1992）以及陈功香（2004）的研究表明，实验设计已成为影响因变量的自变量之一，这一点二十多年前 Plutchik（1983）也已经指出来了。当前，心理学研究正愈来愈多地应用脑成像技术，选择什么样的实验设计仍然是研究者关心的问题。例如，Kelley（2002）认为，区组设计不适于研究自我参照思考（self-referential thought），因为区组设计中有关自我的人格形容词是以区组（连续）的形式呈现的，因而激起的内侧前额叶的活动不仅与单个的人格形容词有关,也与由于连续要求被试参照自我来加工人格形容词引起的更一般的自我状态(a more global cognitive state)有关,这样,区组设计有可能混淆单个人格形容词(stimulus specificity)与任务要求(task specificity,即参照自我)。他们建议使用事件相关 fMRI 设计(event-related fMRI)。

三、随机区组设计

随机区组设计(randomized-block design)要求首先对被试作测验,然后按成绩分组,再把实验条件随机分配给各组中的被试。

假设我们做三种不同预备时间(200 ms,300 ms 和 400 ms)对反应时的影响的实验。按照随机区组设计,我们首先测量被试的反应时(预备时间设为 1.5 s),按照被试反应快慢排序分组(A 到 L),反应最快的头三名组成第一组,其次的三名构成第二组,等等(表 9.6)。

表 9.6 随机区组设计示例

第一组		第二组		第三组		第四组	
反应快慢	区组	反应快慢	区组	反应快慢	区组	反应快慢	区组
1	A	4	D	7	G	10	J
2	B	5	E	8	H	11	K
3	C	6	F	9	I	12	L

经过这样的分组(block),每组中被试的差别是很小的,换句话说,可以把每组看成一个人一样,然后,将实验条件 200 ms、300 ms 和 400 ms 随机分配到各组中(表 9.7):

表 9.7 各组随机分配示例

第一组		第二组		第三组		第四组	
A	200 ms	D	300 ms	G	400 ms	J	200 ms
B	400 ms	E	200 ms	H	200 ms	K	300 ms
C	300 ms	F	400 ms	I	300 ms	L	400 ms

这样,由于 A,B,C 被试之间的差别不大,第一组就是由类似的被试构成(头三名在反应时上类似),而每组内的差别就成了实验条件 200 ms、300 ms 与 400 ms 之间的差别。因此,"区组"指设计中使用了区组,而不是单个的被试;"随机"指实验条件是随机分配到各区组的单个被试上的。

随机区组设计中的每个被试只在一种实验条件下进行实验,因而避免了不同实验条件顺序的影响,因此,它具有组间设计的优点。又因为随机区组设计要求在一个区组中的被试在某一特点上是类似的,这样,对各个实验条件来说,被试基本上是类似的,这一点又类似于组内设计,因此它又具有组内设计的优点。混合设计也具有组间设计与组内设计的优点,但随机区组设计把类似特点的被试安排在一个区组内的做法比混合设计中对被试的选择更好。随机区组设计也有它的局限性:第一,这种设计的价值依赖于实验前的预测验对正式实验的预测性,预测性愈高价值愈大。第二,它的有效性还取决于实验条件的多少。实验条件过多(比如6种实验条件),那么,每个区组就要有6名被试,应用到刚才叙述的例子中,我们就得假定反应时的第一名与第六名是类似的,这似乎不大合理。因此,3～4种实验条件采用随机区组设计比较恰当。

四、拉丁方设计

拉丁方设计(Latin Square design)的要求是,每种条件在横行的顺序中只出现一次,在纵列中也只出现一次,如一项药物实验的安排见表9.8。

表9.8 一项药物实验的拉丁方设计

实验组 \ 实验顺序	1	2	3
1组	安慰剂	高剂量	低剂量
2组	低剂量	安慰剂	高剂量
3组	高剂量	低剂量	安慰剂

统计书中有已排列好的拉丁方供使用,例如(表9.9):

表9.9 可供使用的拉丁方顺序示例

顺序1	顺序2	顺序3	顺序4
A	B	C	D
B	C	D	A
C	D	A	B
D	A	B	C

在表9.9的拉丁方中,A,B,C,D代表四种实验条件,由于每种实验条件在横行与纵列中只出现一次,因此保证了整个实验中每种实验条件在顺序的各个位置都出现过,这就避免了由于顺序不同造成的混淆(order effect)。但上面的拉丁方中,B总在A后面,D总在C后面,等等。如果A,B,C,D是不同的解决问题的任务,而A含有一些线索有助于解决B,结果在A,B的顺序中B的成绩要好于B,C顺序中B的成绩,这就是传递效应(carry-over effect)。为了避免传递效应,我们介绍一

种安排拉丁方的方法。假设我们有几个自变量,那么,实验的第一种顺序就是:

$$1,2,n,3,n-1,4,n-2,5,n-3\cdots$$

在这里,1代表第一种自变量,2代表第二种自变量,3代表第三种自变量,等等。第二种顺序是依次在第一种顺序上加1,第三种顺序是依次在第二种顺序上加1,等等。而且,各顺序中遇到 n 时,改为1。这样,第二种顺序就是,

$$2,3,1,4,n,5,n-1,6,n-2\cdots$$

当 $n=4$ 时,拉丁方的安排如下:

顺序			
1	2	4	3
2	3	1	4
3	4	2	1
4	1	3	2

当 $n=3$ 时,不能用拉丁方排除传递效应,只能用平衡方块设计(balanced square design)解决。设 A,B,C 为三种实验条件,有关的平衡方块如下:

顺序					
A	B	C	C	B	A
B	C	A	A	C	B
C	A	B	B	A	C

平衡方块的思想可以应用于一个组的被试(a single group)参与许多条件的实验而又要避免顺序效应。如我们想要测年轻人的听觉敏感性,频率有500,1000,2000,5000和10000赫,那么,下列安排可以使用(A,B,C,D,E代表不同的频率):

$$A,B,C,D,E,\quad E,D,C,B,A$$

按这样上升(ascending)和下降(descending)的顺序多次重复实验,就可平衡掉任何顺序效应。

拉丁方设计最初应用在农业研究中以避免种植土壤的不同带来的变异。一片田野被分割成许多块,横排成行,纵列成行,每一块土地施加一种实验处理。这样,在一块土地上的实验处理与另一块土地上的实验处理并没有必然的联系,数学上这意味着块之间不存在交互作用。然而在心理学研究中,不同的实验条件在顺序中并不是彼此独立的,即存在交互作用。如果事先我们有理由相信,将要进行的实验会有交互作用,那么,我们应该选择别的设计方法,如随机区组设计。

五、被试样本的大小问题

在单个的实验中选用多少个被试合适?这个问题没有简单的答案,但有以下

几种因素可考虑来作决定。

(1) 某研究领域传统上使用多少被试。如感知觉的实验,一百多年来研究者在单个实验中只使用非常少的被试,甚至一到两名,而每个被试要求作大量的(如几千次)判断。动物实验通常也是一组约 2～4 只。社会心理学的研究通常要求几十名到几千名被试。

(2) 计划使用什么样的统计分析。如果进行双价实验,并且计划使用 t 检验来决定是否存在显著性差别。那么很明显,实验结果的差别愈大,愈容易通过 t 检验。因为 t 与被试数目(n)成比例,n 愈大 t 就愈大(其他方面保持恒定,)所以,增加被试增大了通过 t 检验的概率。如果一个人仅仅关心 t 检验,在这种情况下,两个组之间的差别无论多小,只要不断增加被试总能通过 t 检验。这就意味着,除了统计显著性的标准外我们还需要其他的标准来判断实验结果的意义性。这些标准就是在第 5 章、第 6 章讨论过的估计实验效果大小的一些方法,包括 ω^2 和 d。涉及统计的问题还有一点要注意,如果两组被试数相等比两组被试数不等要容易通过 t 检验,这是 t 检验的公式决定的。

(3) 如果预期在实验中变异会较大,那么,相应地需要多一些被试。还有,如果认为将要发现的差别有特别重要的意义,也需要多一些被试。这些都与研究者的研究经验有关。从研究经验的角度看,不同的实验需要数量不同的被试,而这就意味着,每个实验只是相关的系列实验中的一个部分,并不是孤立存在的。"如果一个人这样来考虑一项实验研究,那么在任何一项研究中该使用多少被试的问题就变得相对地不那么重要了。并且,对数据的信度而言,实验结果能加以重复比单个实验中获得的显著性水平是一项更令人满意的指标。"(Plutchik,1983)

(4) 在脑成像(fMRI)研究中,Firstone (1999)认为,7 个左右(不少于 7 个)被试的结果,宜用 Conjunction analyses 方法处理,而 12～30 个左右被试的结果,宜用 Random-effect analyses 方法处理。脑成像数据处理方法发展很快,研究者需要随时加以注意。

六、使用一个被试的实验有意义吗?

对于这个标题,答案是肯定的。Ebbinghaus 1885 年前后以他自己为被试的记忆实验使他成为了科学记忆研究的先驱。Watson 1920 年发表的关于条件性情绪反应(conditioned emotional response,教会儿童害怕)的著名研究只有一名幼儿被试。

有时候罕见的现象出现在一个人身上因而具有重要意义。如,极少的人生下来就没有疼痛感觉,一只眼色盲但另一只眼正常,情景记忆完全丧失,没有自我意识(autonoetic consciousness)但其他智力正常(Tulving,2002)。对这些个案的详尽研究会给基本心理过程提供扎实可靠的资料。

1996年Klein发表了题为"一个遗忘症病人的自我知识:走向人格与社会心理学的神经心理学"的实验研究报告。一名女大学生W.J.因摔倒导致脑部受伤,自述忘事。Klein等人以两名正常女大学生作为控制组对W.J.进行了研究。受伤期间让W.J.作大学时期自我人格判断,在记忆恢复后又进行第二次自我人格判断,两次测验的相关系数达到显著相关程度($r=0.74$, $p<0.05$),与控制组的两次测验的相关系数几乎相等($r=0.78$, $p<0.05$)。在W.J.受伤期间及记忆恢复后还对W.J.及其控制组进行了情景记忆测验(见图9.1)。

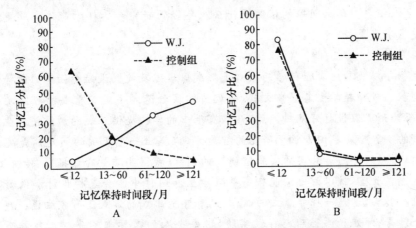

图 9.1　W.J.及控制被试对四个时间段的情景记忆百分比
A为W.J.受伤期间的测验结果,而B为W.J.恢复以后的测验结果。(引自Klein et al, 1996)

从图9.1A可以看到,在W.J.受伤期间她对近期(12个月之内,即第一个时间段)发生的事情记得最少,约5%左右。而对远期(10年前,即第四个时间段)发生的事情记忆得较多,约45%。与W.J.相反,控制组的被试对近期发生的事情记忆得最多,约65%。而对远期发生的事情记得最少,约5%。在W.J.记忆恢复后,从图9.1B可以看到她对各时间段事情的记忆百分比完全与控制组一致。上述结果表明,W.J.的情景记忆曾受到严重损伤。

比较上述结果与自我人格测验的结果使Klein得出结论:W.J.丧失了情景记忆并不影响她对自我人格作出判断;换句话说,一个人的情景记忆与一个自我的人格表征是分离的。这样,单个被试的实验研究得出了关于人类的普遍的结论。实际上这个普遍的结论,即一个人的情景记忆与一个人自我的人格表征是分离的,在后来的研究中得到了进一步的证实(Klein, et al, 2002)。

附录

过分信赖权威及它对实验设计的影响①

Tung-Tien Sun

摘要 生物科学相对来说忽略了对研究生的实验设计的训练。学生们主要通过在实验室工作来向别人学习,获得经验。有些学生觉得这种学习方式使人糊涂迷惑,令人沮丧。那么问题的根源是什么?年轻的研究者怎样才能使实验更可预见和更富有成果呢?

生物学以及其他实验科学的核心是形成假设以及使假设经受强有力的检验的实践过程。教师教学生怎样查文献,强调科学实验范式去定义重要的可解决的问题,从而为形成假说打好基础。然而,只有很少的学校提供正规的训练使学生成为一个好的实验者。我们专注于研究的智力方面(提出一个正确的问题),是完全恰当的,但它必须伴随着扎实的实验室研究的训练(获得高质量的数据)。传统上,把学生送进实验室,就以为他们能从高年级学生和同伴中学会怎样设计和做好实验室实验。其实,这是一种非正式的、杂乱的和学徒工式的方式。有学生说:"我问过好几个师哥、师姐和博士后怎样做实验,但每个人的回答都不一样。我该听谁的呢?"还有的说:"我严格地按一个博士后详细写好的流程做实验,甚至使用所有他用过的并获得成功的溶液,但我的实验失败了,三个月白费了。我感到非常心烦!"

我们能做些什么事来帮助这些学生呢?我认为,过分信赖权威是许多实验失败的关键原因。在这篇文章,我将讨论怎样觉知(awareness)这个问题,包括风险评定(risk assessment)的概念以及一些实践上的考虑,这些考虑有助于大多数实验室技术工作更有预见性和更有成果。我在这里讨论的许多实践方面的提示是近乎本能的做法,又充满逻辑,以致大多数有经验的科学家自然地已在实施它们。然而,我希望年轻的研究者能发现,这些信息很有帮助并且能消除他们研究工作中的许多疑虑。最后,虽然我的大多数评论是直接指向生物化学的实验设计,但只要作一点小的变动,这些评论也适用于其他实验科学。

---

① 经作者授权,朱滢节译自:Tung-Tien Sun (2004). Excessive trust in authorities and its influence on experimental design. Nature Reviews, Molecular Cell Biology, 5: 577~581。

信赖权威与风险评估

一项实验中有许多成分被新手认为是"权威的",这些包括教授或其他专家的意见,书籍和已出版的实验方案(experimental protocol),试剂瓶上的说明以及仪器显示的信息。当任何一项被看做是"权威的"时,就意味着实验者认为遵循这些指示或使用试剂没错。接受许多(有时是全部)成分为"权威的",就会使一个人的思考简单化,也使人感到很便利,并给人一种"安全感"(喏,专家们这样说过)。但实际上每一项"权威的"成分构成实验中的一个盲点:当一项实验失败时,我们倾向于忽略这些成分,而不认为它们是问题的潜在原因,这就削弱了我们解决问题的能力。……我们愈来愈信赖商业销售的实验用具(它们常常包含身份不明的人士的配方)以及学生的不那么严格的化学、物理学训练,加强了学生们信赖权威的倾向,有时达到过分的程度:"这些实验用具一直这么使用,我为什么不能用?"在这篇文章中我强调,在特定的研究的情形下,我们能否信赖实验中多少个确实的成分为权威的决策十分重要。

作为一个实践的问题,我们要问:在这个实验中我能承受犯多大的错误?如果是一个做两三天的实验,试剂也不贵,那么实验失败没关系。但如果实验要花几个月,并且实验材料昂贵,那么,我们可不能去犯一个本可防止的错误(愚蠢的错误)。例如,转基因的生成要花费几个月才知道结果。这样,随便使用性状互补的基因进行实验就是愚蠢的。还有一类实验是航天飞机计划,我们绝不能容忍其中的任何错误。因此,在做任何一个实验前评估风险是极其重要的;风险评估的结果将决定我们能承受多大的盲目信赖各种成分为权威的风险(见图9.2)。

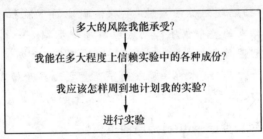

图9.2 实验设计中计划的重要性
此图勾画了每个实验之前的决策过程,它强调详细计划实验和透彻理解实验设计的重要性。匆忙实验而没有周全的计划只会导致失败。难怪有人说,"在你碰你的试管之前,实验的70%已注定是否成功"。

除了信赖教授、专家以及教科书这些权威容易犯错误之外,商业用试剂及各种物质材料也是问题。例如,几年前一位年轻的鼠遗传学专家受雇于一所著名大学,在实验室里指导几名研究生。他从一个有名的动物供应商定购了几批白鼠进行繁殖实验。几年艰苦的工作之后,却发现供应的某些近亲繁殖的白鼠是不纯的,或者是错误的品种。这位遗传学家辛勤而耗时的工作全泡汤了,导致他作述职报告时一篇发表了的文章也没有。

在上述情况下,如果你是那位年轻的鼠遗传学家,你将做些什么不同的事情?风险评估指出,如果你定购一些白鼠去作一个 2~3 天即可完成的实验,那么你可以(决定)去信赖这些白鼠(或者说,信赖动物公司,该公司声言白鼠属于某个品种)。另外,如果你买白鼠是为了进行长期的繁殖实验——其结果将决定你的生涯和你的研究生的毕业论文,那你还会不会盲目地信赖动物供应商为不犯错误的权威?回答是否定的。在这种情况下,你应该独立地证实白鼠遗传的纯洁性——这是非常值得做的事情。这个例子清楚地表明风险评估的重要性,因为它决定我们在某一场合能在多大程度上依赖各种成分(在这个例子中,导致接受或拒绝批量的白鼠(权威),取决于风险程度不同的实验)。

使实验最大限度地成功

当你在风险评估的基础上决定做一个实验或采用一种新技术时,你要做些什么事来提高你成功的概率呢?正如 Gustave Flaubert 说的那样,"成功之神存在于细节中"(God is in the details)。拿出 1 分钟来注意细节,长远来说会节省你无数的时间!

周密地计划和理解实验方案

首先,你应该仔细地计划你的实验:步骤清晰地写下流程图(flowchart,它详细地说明从开始到结束的整个程序),彻底理解每一步骤……然后,你可以将你的流程图与其他的流程图作比较,看它们是否一致。最后,你应该在特别关键的或耗时的实验的详细设计方面,与你的导师或同事商量之后再开始实验,他们会给你提出一些忠告与建议,从长远看来,这样会节约你大量的时间。

正性(positive)和负性(negative)控制的重要性

如果一个实验的试剂和步骤的任何失误导致实验失败,那么你必须作好各种控制来保证实验是按你预期的方式进行的——不管是一个两天的还是 6 个月的实验。实验就是控制,该实验和其他实验一样都以精确地同样的原则、方式进行,都涉及一些未知的因素,但有一点不同,即对控制而言,你精细地知道什么样的结果应该发生。控制失败就升起了一面红旗,指明你必须解决问题才能继续前进。

控制有两类。正性的控制是人们预期会产生某种正性数据的实验,如果这种控制产生了不能解释的负性数据,那么,你的负性数据就是毫无意义的。与此相反,负性控制是预期产生某种负性数据的实验。如果这样的控制产生了不可解释的正性数据,那么,你的正性数据就是毫无意义的。既然没有什么办法事前预期你是获得正性的或负性的结果,你需要对每一个实验作两类控制。否则,你的结果可能会被混淆,或者更坏的是,会被误导。既然需要对每一个实验作一些控制(这样的控制是"家常便饭"),因此,值得最大限度的增加实验试管或反应的数目去降低总的日常损耗,更重要的是,从而能比较在任何给予的实验范围内产生的广泛的数据。

实验控制的失败表明实验程序出现了毛病。它可能是:酶或抗体昨天非常有效,但一夜间"失效"了;你不知道原因,其实只是冰箱的毛病;显微镜的滤色片被前面的使用者改动了;一批新的化学物质你过去没有测试过。这些例子使人听到下面的疑问或评论感到好笑:"我上星期作了控制。你认为我必须每次都作控制?"(回答:"绝对是的。")或者,"我将首先做实验,如果它成功,然后我才作控制"。(回答:"没有适当的控制,你怎么知道你的实验已经成功?")或者,"这看上去是一个非常直截了当的程序,每一个人和他的同事都会执行。我相信所有的事情都会正常运转,这样,我不需要做控制。"(回答:"我们相信上帝,上帝之外的每一个人都必须作控制。")

一个好的记录本

虽然实验室记录本通常看做是记录实验数据的,但同样重要的是,它还是实验设计的地方。一个很好的记录本应该注明每个实验的名称,包括许多有用的项目,如数据、假设或问题,关键文献和注释。以框图表示的实验流程,试剂与溶液,结果与讨论。

首先,非常重要的是清楚地叙述你要检验的假设。Peter Medawar 强调,"如果事先没有关于实验结果可能会是怎样的初步但清楚的设想,就不应该开始实验。因为,除非实验的假设约束着可能发生的事件总数或同时发生的事件,实验将不会产生任何信息"。的确,对两位同等能干的做实验的科学家来说,正是他们提出好的问题和假设决定着他们研究的质量与成果。如果你对文献和当前的模型了解透彻,你就能提出更好的假设。同样有帮助的是,如果你能以图解的方式清楚地说明各种成分的关系来表达你的假设,那么,你就能更好地预测,当你引进各种变量到实验系统中来会产生什么样的结果。

其次,你可以不直接用通常的实验草案或草图,而把它变成包含精练文字的流程图(见图9.3)。但是,该流程图仍需包括足够的细节,以便你的同事能充分明白整个实验是怎样进行的。写出一个流程图有好几个有用的目的:它给你一个机会来思考你已写下的每一个步骤。这样在开始实验之前可以事先想到一些潜在的问题,而不必匆忙地作决定。此外,没有多余的文字,流程图很容易遵循。流程图还可以让你用有色铅笔去标记已完成的步骤(见图 9.3)。这一点使你很容易准确地知道你现在在程序中的什么位置,而避免不小心的错误。此外,流程图给你足够的空间来记录任何观察到的现象或实验条件刚刚发生的变化,它们可能导致你作出新的未曾料想到的发现。

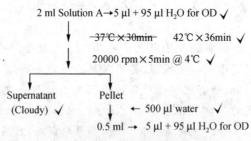

图 9.3 一个实验草案的流程图

流程图让你能用彩笔在已完成的每一步骤上打√号,并且为你提供记录观察的地方。它也让你记录一些未料到的、刚刚发生的变化(如潜伏条件由计划的 37℃、30 分钟变到 42℃、36 分钟,这是由过热的水冲洗和没有及时停止反应造成的)。这样,实验结束时你精确地知道每一个步骤实际发生的情况。在重复几次这个实验之后,你会发现有一次实验比其他次的实验都好。如果恰好在那一次实验中过热的水冲洗和延长了潜伏期,你就可能作出一个重要的偶然的发现。培根(Francis Bacon)说:"Truth emerges more readily from errors than from confusion."在上面的例子中,你偶然改变潜伏的步骤并获得了更好的结果。如果你有及时完整的实验记录,你就可以准确追踪曾经发生的每一个变化,这时,你已经从"错误"中学到了一些东西。要是你没有完善的记录并迷惑于明显的不可重复的数据,你将停留在"混淆"中。

第三,事前准备好所有试剂与溶液。当你完成实验设计后,应计算整个实验你所需要的每一种试剂和溶液的数量,准备足够的溶液(至少是那些不昂贵的溶液)以备重复实验。在实验过程中,应从头到尾记录结果;数据应直接登记在实验记录本上,随便把数据写在一张纸上,然后再登记数据的做法容易丢失数据。打印材料、X 射线片、照片和其他文件应清楚地注明日期、实验名称等,并保存实验记录本中;不能放在实验记录本中的大型 X 射线片等,应当单独建档保存。

最后,写出彻底与深刻的讨论。这可能是实验记录中最重要和有趣的部分。如果事情进行的不如你料想的那样,你可以讨论要做些什么来改进实验流程,从而改写流程图。如果技术上实验进行得很好,那么数据是否与你的假设一致?如果一致,你能想出其他独立的甚至更苛刻的测验来检验你的假设吗?重要的是要记住,你决不能"证明"一个假设——你只能建立起支持的证据以便逐渐对假设的确实性更满意。然而,一项关键的实验能证明一个假设为伪(证明的非对称性(asymmetry of proof))。在你的数据与假设不一致时,你能改变自己的假设去说明新的发现吗?或者,你需要用一个新的假设来代替原来的假设?在上述各种场合,你对实验的认识已产生飞跃。因此对数据彻底与深刻的思考能产生许多有趣的问题与设想,这将引导到新假设的提出,而且你能在后续的实验中去检验它。

科学态度的问题

人们信赖权威的程度是大不一样的。决定一个人信赖权威的程度取决于许多重要因素:教育背景与文化背景,个人的经验以及某种程度上遗传的自然倾向等。作为这些因素的综合结果,每一个人都有自己的决策方式。一个极端是人们盲目地、无条件地信赖所有权威。这些人在他们采取的每一个步骤上都会遇到麻烦,不光是在实验设计上也包括在日常生活中。另一极端的人不相信任何权威并怀疑一切。这种人非常仔细地考虑非常细小的信息,花大量时间在次要的细节上。他们没有效率,优柔寡断地陷于细节之中。我们所希望的科学态度是在两者之间——一个人能以逻辑和灵活的方式,并依据场合不同和风险评估,去调节他信赖各种权威的程度。

一个人信赖权威的程度能告诉我们很多有关他的决策过程和逻辑的信息。当一个人的决策过程经历几年甚至几十年的时间,它就会成为一个人根深蒂固的行为模式。到这种程度,该行为模式就成为一个人科学态度的重要部分,或者更广义地说,成为他人格的一部分。这样,过分信赖权威的学生倾向于犯各种技术的错误,我们也能观察到他们不适当的信赖各种权威的情形以及伴随他们决策中的错误逻辑。这样的学生对实验流程仅有表面的理解,他们对实验的控制也仅仅是任意进行的。当遇到技术问题时,他们难于解决,他们的数据通常不能重复。他们也常常不能与导师和其他科学家沟通。在导师和同伴的不断的帮助下,他们经过很大的努力能认识到并解决存在的技术问题,但是,新的问题总是出现。当然,对学生与导师来说,这是一种令人沮丧的经验。然而,确认过分信赖各种权威是许多这类问题的根子,可以帮助导师更好地理解这些问题并更好地帮助他的学生。

结论

我希望在这篇文章中阐述的一个关键的概念就是信赖自己(self-reliance):你自己对实验的成功负有主要的责任。如果实验失败,事后责怪别人(或权威)提供了错误的实验流程和坏主意,或者提供了不合适的试剂、溶液和动物,并没有什么帮助。Francis Bacon(弗朗西斯·培根)说得好：If a man will begin with certainties, he shall end with doubts; but if he will be content to begin with doubts, he will end with certainties.（如果一个人以确信开始，他将以疑惑结束；但是如果他乐意以疑惑开始，他将收获确信。）正如培根所言，如果我们开始实验时不恰当地信赖许多因素作为权威，并认为信赖它们没错（即我们以"确信"开始），我们的实验设计就会是表面文章，并且本质上是拙劣的，这样的实验通常失败。而且当实验失败时，我们还不能理解什么地方错了，因而我们将以"疑惑"结尾。另外，如果我们事先尽可能地看到许多问题而不盲目地信赖权威（即我们以"疑惑"开始）。我们的实验多半有可能成功，因而我们将以"确信"结尾。

参 考 文 献

陈功香（2004）.内外部线索在学习判断中的作用.北京：中国科学院心理研究所

Challis B H & Brodbeck D B (1992). Level of processing affects priming in word fragment completion. JEP: Learning, Memory and Cognition, 18(3): 595~607

Craik F I M (1990). Changes in memory with normal aging: a functional view. In: R J Wurtman (Ed): Advances in Neurology (vo151: Alzheimer's Disease). New York: Raven Press

Craik F I M (1994). Memory changes in normal aging. Current Directions in Psychological Science, 155~158

Friston K J, Holmes A P, & Worsley K J (1999). How many subjects constitute a study? Neuroimage, 10: 1~5

Klein S B, Loftus J & Kihlstrom J F (1996). Self-knowledge of an amnesic patient: toward a neuropsychology of personality and social psychology. JEP: General, 125(3): 250~260

Klein S B, Rozendal K, & Cosmides L (2002). A social-cognitive neuroscience analysis of the self. Social Cognition, 20(2): 105~135

Plutchik R (1983). Foundatinons of Experimental Research. New York: Harper & Row

Tulving E (2002). Episodc memory: from mind to brain. Annual Reviews of Psychology, 53: 1~25

10

准实验设计

在现场进行的实验研究(如比较不同班级的学生或不同的学校)中,被试不可能随机地分配到实验条件中,我们把被试以非随机方式分配到实验处理上的设计,称为准实验设计(quasi-experimental design)。

讨论准实验通常涉及实验的内部(internal)和外部(external)效度的概念。一个"好"的实验就是在自变量与因变量之间证明有因果关系的联系,而且对实验结果的其他可能解释均可排除,在这样的情况下这个实验被称为具有内部效度。如果一个实验的结果可以推广,概括到其他的被试和其他的场合,那么,我们说它具有外部效度。因此,评估外部效度主要根据随机样本成功选取的程度来进行的,这些样本包括被试、实验者、刺激和反应;评估内部效度主要是根据对实验结果的其他可能解释被排除的程度来进行的。

一、准实验设计

准实验设计中实验组与控制组不是用随机的程序选出来的。因此,各个组的差别是不清楚的从而导致自变量的效果不能明确地决定。例如,学校的班级、公司的团队或医院的病人进行比较的时候,被试就不是随机选取的。准实验中,虽然被试样本、实验的其他条件的可比较性(comparability)不是很好,但还是有可能把它们安排恰当,以获得一定程度的因果关系的结论。这意味着准实验的"好"并不是全或无的,而是一种程度的问题,即竞争的假设被排除的程度问题。换句话说,准实验获得的因果关系的结论虽然不是十分明确,但却是可能的合理的。下面介绍三种准实验设计的方法。

(一) 不等组比较设计

不等组比较设计(nonequivalent comparison-group design 或 selection cohort design)对两个或更多自然形成的被试组进行研究。例如,在一个小学研究两个五年级班级,这些五年级学生并非以随机方法分成两个等组,所以任何一组都不是控制组,只是比较组或对照组。这种设计最简单的例子是,对一个组经过实验处理以后测量它的因变量,然后与一个对照组的因变量相比较(黄一宁,1998;董奇,2004)。Plutchik(1983)以评估美国学前儿童电视节目"芝麻街"(Sesame Street)为例,说明这类准实验是怎样进行的。"芝麻街"节目首次播出结束之后,对一组观看节目的学前儿童进行了一项阅读测验。作为对照,研究者使用这些学前儿童的哥哥姐姐进行同一测验的现成数据,他们在同一幼儿园但没有看过"芝麻街"节目(因为在他们小时候还没有这个节目)。这些哥哥姐姐作阅读测验的时候,他们的年龄与看过节目的学前儿童一般大。这个实验所以称为准实验,是因为年龄大一点的哥哥姐姐与年龄小一点的弟弟妹妹不是等组。例如,年龄大一点的哥哥姐姐更可能是长子或长女(first-born child),而出生顺序的差别可能造成两组测验的差别。为要检验这种设想,可以将二胎出生的儿童与他们的三胎出生的弟弟妹妹的测验成绩分开,将三胎出生的儿童与四胎出生的弟弟妹妹的测验成绩分开,等等。这个准实验中,另一个可能的混淆是,年龄大一些的儿童的经历与年龄小一些的儿童的经历不同,而且还没有什么办法来评估这种差别造成的影响。为了排除这种混淆,可以把儿童分成多看节目的与少看节目的,分别与年龄大一些儿童随机分成的两组(设为 A,B)作比较。由于多看节目小组与少看节目小组经历同一年代,多看节目小组与 A 组的差别同少看节目小组与 B 组的差别之间的任何差别,就有理由归结为是"芝麻街"教育电视节目的效果(参见图 10.1)。这个例子表明,通过各种内部分析(internal analysis)可以减少准实验中可能的解释的数目,以强化实验结果的内部效度。

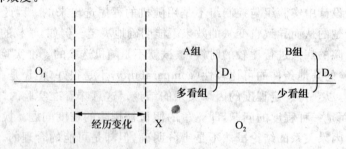

图 10.1 "芝麻街"节目的不等组比较设计

O_1 代表多年前已有的结果,用做对照,即事前测定。X 代表"芝麻街"节目,O_2 代表看过"芝麻街"之后的结果,即事后测定。将 O_1 的结果随机分成两组,将 O_2 分成多看组与少看组。如果差别 $D_1=D_2$,表明 X 的实验处理不影响 O_2,事后测定成绩好是经历造成的;如果 $D_1>D_2$,表明 X 的实验处理影响了 O_2,事后测定成绩好是 X 造成的。

(二) 间歇时间序列设计

间歇时间序列设计(interrupted time-series design)是在实施实验处理前后的一段时间里对某种效应进行多次重复测验。如果我们以 O_1,O_2,O_3 等代表在不同时间上的测量,而 X 代表实验处理,那么,一系列测量的不同结果可以由图 10.2 表示。从图上看出来,虽然每条线上从 O_4 到 O_5 的发展大致相同,但很明显的是,在 A,B,C 系列中 X 的效应最大,而在 D,E,F 系列中 X 的效应最小或不起作用。上述判断主要是基于 X 引入后变化的不连贯性作出的。如果说图 10.2 表示的是一种简单间歇时间序列设计,即从一个系列测量在施加实验处理前后的变化来探讨是否存在实验效果,经常使用于不能设置控制组的研究情形。例如,推行社会改革,所有的政府单位都要推行改革措施。由于这种设计缺乏一个适当的控制组,所以无法剔除无关因素的干扰作用。为了克服这一弱点,可采用复合间歇时间系列设计(这种设计基本上是简单间歇时间序列设计的延伸),即在研究设计中增加一个没有接受实验处理的比较组,来替代控制组的部分功能,以提高间歇时间序列设计的功能(黄一宁,1998)。

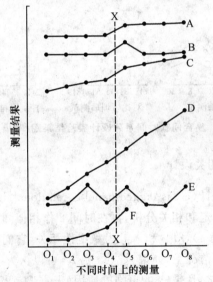

图 10.2　间歇时间序列设计图示(Plutchik,1983)

这种设计的模式如下:

O_1	O_2	O_3	O_4	O_5	X	O_6	O_7	O_8	O_9	O_{10}
O_1	O_2	O_3	O_4	O_5		O_6	O_7	O_8	O_9	O_{10}

时堪(1990)曾在北京手表厂进行过技工岗位培训的准实验研究,他用复合间歇时间系列设计考察心理模拟教学方法与常规培训方法是否在培训效果上存在差异。学员分两班接受岗位培训,在不影响生产线正常生产的情况下进行轮换培训。图 10.3 是实验结果图。从图 10.3 可以看到,培训前两班学员每日生产的合格产品数基本相当,培训后(施加实验处理)两班学员的合格产品数都有增长,但实验班(心理模拟教学方法)的增长明显高于控制班(常规方法)。研究者不满足于此,而是接着让控制班也接受心理模拟教学方法培训,结果表明,培训后控制班在合格产品数方面也达到了实验班的水平。这说明,对实验班所采用的培训方法同样适用于控制班。这种结果还说明,高于常规方法的增长效果确实是实验处理带来的。

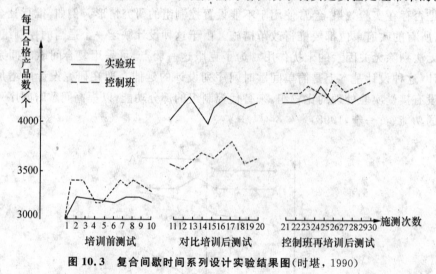

图 10.3 复合间歇时间系列设计实验结果图(时堪,1990)

(三) 交叉滞后组相关设计

交叉滞后组相关设计(cross-lagged panel corelational design)要求在时间 1 对两个变量的关系作出测定和相关分析,再在时间 2 作相似测定和分析,求得同步相关 r_{A1B1} 和 r_{A2B2}(见图 10.4), r_{A1A2} 和 r_{B1B2} 为稳定性相关,它们实际上是重测信度。

在同步相关稳定的情况下,如果 $r_{A1B2} > r_{B1A2}$,可以认为,与 B 引起 A 相比较 A 是 B 的更强的原因;反之,B 是 A 的更强的原因(王重鸣,1990)。

Eron 和他的研究小组应用交叉滞后组相关设计开展观看暴力电视节目是否导致犯罪行为的追踪研究是很著名的(Eron, et al., 1972)。美国社会持续增长的暴力犯罪使研究者猜想,充满暴力镜头的电视节目对青少年影响巨大,是导致犯罪行为的可能原因,因而提出如下假设:观看电视暴力节目造成犯罪。他们的一个典型结果如图 10.5 所示。

第 10 章 准实验设计

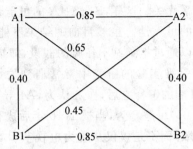

图 10.4 交叉滞后组相关设计

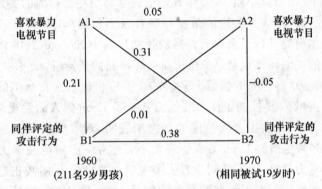

图 10.5 观看暴力电视与犯罪行为的追踪研究(Eron et al, 1972)

Eron 等人对 211 名三年级的男孩测量了其攻击行为,实施过程是让同班同学填写同伴-提名的攻击问卷(Peer-nominated aggression),问卷项目包括:谁不听老师的话?谁常常推撞别的同学?谁常编造故事或谎言?谁没事常找茬?等等。每个被试的得分是根据其他同学的某项目上的提名次数决定的。10 年之后,同样的被试再次回答同伴-提名的攻击问卷。研究者在控制了各种因素之后发现,喜欢看暴力电视节目的 9 岁男孩与其 19 岁时的攻击行为有密切的联系。他们控制的因素包括,测定了被试 9 岁时同伴评定的攻击行为,这样电视暴力对攻击行为变化所起的作用就有了一个起点,因而也就确立了这种作用的时间顺序。其他控制因素包括被试 9 岁时父亲的职业、父亲的攻击性、儿童的 IQ、母亲的攻击性、双亲对小孩的处罚、双亲的运动性取向、被试看电视的小时数以及被试 19 岁时父亲的职业、被试的志向、看电视的小时数,等等。

喜欢看电视暴力的 9 岁男孩与其 19 岁时的攻击行为密切相关,这一结论是怎样得出的呢?从图 10.5 看,实测结果不像假设预期的那么清楚。A1 与 B1 的相关 10 年前后由正的 0.21 变为负的 0.05;重测 A1 与 A2 为 0.05,B1 与 B2 为 0.38,都不算高,虽然 A1 与 B2 的相关 0.31 达到了显著水平,但 B1 与 A2 的相关很小(0.01),表示二者几乎无关。这样,B 导致 A 的可能性不能与 A 导致 B 的可能性竞争,因此削弱了它的可靠性。虽然目前的结果不能直接证明假设——观看暴力电视造成犯罪,但可以通过拒绝站不住脚的假设,即排除一些假设来限制可能的相互竞争的假设,这也是准实验的研究中常常遇到的情形。用路径分析(path analysis)在排除了四类可能的解释之后,作者认为,A1 导致 B1 与 B2 的可能性最大。A1 与 A2 相关低(0.05)可解释为,当被试 10 年后成长为青年时,他们更多地转向攻击行为(偷盗和斗殴)而不是仅仅从暴力电视节目寻找"刺激",这也能解释 A2 与 B2 相关低(-0.05)。

在 Eron 和他的研究小组 1960 年开创电视暴力与犯罪行为的关系研究四十多年以后,Savage(2004)从方法论的角度对观看暴力传媒(violent media)是否造成暴力犯罪的众多研究进行了全面而详尽的评估。其中 Savage(2004)对 Eron 等人一系列的研究的正面评述包括:① 在长期追踪研究的开始(被试 9 岁时)测定其攻击行为,即控制了攻击行为的初始水平(与 10 年后相比),这在众多的研究中是一个里程碑式的贡献。② 控制了许多其他因素。③ Eron 等人的发现是迄今此领域最重要的发现之一,提供了令人信服的证据来表明,观看电视暴力造成了暴力犯罪。Savage(2004)也指出 Eron 等人研究的不足包括:① 对电视暴力的最初测量仅局限于喜欢暴力节目,而不是测量看了多少暴力节目。② 对攻击行为的测量主要是一些令人生厌的行为而没有涉及严重的暴力,这就有可能漏掉一些儿童在家里欺侮弟弟妹妹但在攻击行为上得分低,而另一些儿童仅嘴巴厉害就得分高。因此推广到后来的暴力犯罪上就显得说服力不强。

二、效 度 问 题

Anderson(2001)对效度问题有系统而独到的看法,包括过程效度(process validity)与结果效度(outcome validity)的区分,以及这两种效度的内部水平(internal level)和外部水平(external level)的相互关系。图 10.6 是他关于效度的图解。

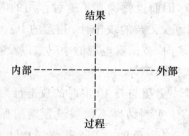

图 10.6 效度图解:两种连续效度的区别(Anderson,2001)

结果和过程的区分反映了研究者关注的焦点不同：是关注所观察到的实验结果本身还是关注实验结果背后的基本过程。可以认为，准实验一般是关心实验结果，而真实验（实验室实验）是关注基本心理过程。内部和外部的区分指概括性(generality)水平：是在某一特定的研究设置条件内(particular research setting)还是在超出特定设置条件的外部场合。这一内部和外部的区分与统计推论和超统计推论的区分也有联系。还要注意，结果与过程、内部与外部都是用虚线连接，表明它们之间是一个连续体，不是非此即彼的关系。

（一）过程效度与结果效度

在研究问题与研究方法这两方面，过程效度与结果效度是不同的。

结果效度是应用研究的目标，关注的是行为变化本身。例如，在预防交通事故的研究中，事故频率是关注的焦点。在学前教育的研究中，词汇量与社交技巧是关注的焦点；应用领域的研究者想要把在某一特定情景下获得的结果推广到更一般的场合。

过程效度是基础研究的目标，关注的是表面结果背后的基本心理过程，通常是研究极为基本的心理过程以便概括为普遍规律。例如，基于空间的注意或基于物体的注意的实验范式，分别对"空间"或"物体"作了严格的、清晰的规定。

结果效度与过程效度各有两个水平：内部水平与外部水平。内部水平指研究在某具体情景设置下的有效性，外部水平指超出该具体设置的概括化。内部效度是外部效度的必要条件(prerequisite)。

内部结果效度(internal outcome validity)的评估始于统计显著性检验，达到统计显著性水平意味着特定设置下的研究结果是有效的，而不是随机产生的；但外部结果效度(external outcome validity)的评估要求超越统计的推论，当把动物实验的结果推广到人类时，这一点是不言而喻的。

内部过程效度(internal process validity)与外部过程效度(external process validity)的评估都依赖超越统计的推论，这是因为过程效度本质上不是数据、事实本身，而在概念。安德伍德和肖内西(1981)在评论因变量的可靠性时的一段话可供我们思考："更困难的情况是在概念上围绕这样一个事例，即两种反应测量值都有高度可靠性（因此也有敏感性），但是彼此之间没有相关。这种情况在根本上强迫得出这样的结论：两种反应测量标示两个相对独立的过程。如果自变量不是以同样方式影响两种反应测量，这个结论就特别肯定。在这点上我们只能作理论性的思考，因为资料不能提供给我们更多的东西了。"

Anderson(2001)强调，超越统计的推论是科学的脊柱，这既适用于实验室研究也适用于现场研究。但科学生活中的这一基本事实常常为关于统计的说教所掩盖,因而人们错误地认为,通过统计显著性检验的内部结果效度除了保证外部结果效度之外,也多少保证了内部过程效度。事实上主要的效度问题要求超越统计的推论。把统计的与超越统计的推论结合起来评估效度才是更有效的。

(二) 过程效度与结果效度的不一致

科学研究中选择什么问题以及采用什么样的方法进行研究决定了研究的水平,这一点既适用于以追求过程效度为目标的基础研究,也适用于以追求结果效度为目标的应用研究。但是,过程效度与结果效度这两个目标是不一致的,不可能两者兼得,在外部效度水平上过程效度与结果效度的不一致表现得很清楚。实验设计和实验程序有利于结果效度,通常会削弱过程效度,反之亦然。企图同时实现两个目标,则可能一个目标也实现不了。

为了追求结果效度,特定的情景设置愈接近真实生活、愈能代表真实生活,这样,得到研究结果才容易推广,外部结果效度才会好。例如,教育心理学中教学方法的比较离开了真实的课堂教学就没有意义,但真实的课堂教学是很复杂的,决定学生学习成绩的因素很多,有些是不可测量的,有些甚至还不知道。

另外,追求过程效度要求相反的策略,即使研究情景尽量简化、明确,以便排除其他心理过程造成的混淆。获得的具体研究结果的推广不是过程效度取向所关心的,过程效度取向研究关心的是具体研究结果背后的基本心理过程。例如,巴甫洛夫关于唾液分泌的研究,兴趣不在狗或人的唾液分泌本身,研究结果也没有推广价值;他关心的是唾液分泌背后的头脑中神经过程的联系规律——条件反射规律。总之,像唾液分泌、小白鼠按压杠杆这些心理学中很出名的实验任务离开真实生活很远,但它们有利于研究基本心理过程。

这样,结果效度与过程效度不同的取向自然对实验设计、反应测量和数据分析有不同的强制的要求。要达到任何一种效度都很困难。那么,要同时追求两种效度必然会在研究问题和研究方法上折中到头来在两种效度目标上折中。因此,Anderson(2001)强调,区分结果效度与过程效度是为了避免同时追求两者,而在实验设计与实验程序上作出耗费心思但徒劳无益的折中。

参 考 文 献

〔美〕安德伍德 B J,肖内西 J J 著.(1981).心理学实验方法.方俐洛,虞积生译.北京:科学出版社,47

王重鸣(1990).心理学研究方法.北京:人民教育出版社

时勘(1990).现代技工培训的心理模拟教学研究.北京:中国科学院心理研究所

〔美〕黄一宁(1998).实验心理学:原理,设计与数据处理.西安:陕西人民教育出版社

董奇(2004). 心理与教育研究方法. 北京:北京师范大学出版社

Anderson N H (2001). Empirical Direction in Design and Analysis. NJ, Mahwah: Lawrence Erlbaum Associates

Eron L D, Huesmann L R, Lefkowitz M M, & Walder L O (1972). Does television violence cause aggression? American Psychologist, 27: 253~63

Plutchik R (1983). Foundations of Experimental Research. New York: Harper & Row

Savage J (2004). Does viewing violent media really cause criminal violence? a methodological review. Aggression and Violent Behavior, 10: 99~128

11

测量的性质

心理学领域中的测量是由行为的世界通向概念的世界(心理科学)的桥梁,即将各种行为、心理事件的真实世界转化为各种思想、符号的概念世界的桥梁(Anderson,2001)。因此,测量对于心理学的发展极为重要,在题为"记忆的测量"的长篇综述中,两位作者把内隐记忆的测量看做是我们测量和解释记忆的一场革命,记忆的内隐测量与外显测量的比较支持了记忆是一种多面体(multiface)的思想,即现在称为多重记忆系统的思想(Richardson-klavehn & Bjorn,1988)。著名的心理物理学家 S. S. Stevens 甚至认为,发现新的测量方法就是通向科学发现之路。他说:"科学是艺术。并不存在现有的原则来告诉我们,怎样在计划测量的程序时变得更聪明一些。通向经验发现之路不经过数学,而经过不寻常的实验感觉和设计新颖的训练。我们发明数学模型,但发现测量却是在实验室里。"(Plutchik,1983)事实上,Stevens 提出并发展的数量估计法(对感觉的直接测量)最终使他发现了 Stevens 定律。

一、测量的一般概念

测量就是按照一定的规则把数字分派到客体、事件、变量或属性上。

心理物理学中的数量估计法对感觉的直接测量可以看做是测量定义的一个很好的例证。什么是数量估计法?1975 年,Stevens 作了简明的回答:有一系列刺激以随机方式呈现给我们。我们的任务就是用数目字来表示这些刺激的强度。我们可以随意地把第一个刺激叫做任何数目。使用的数目字不受限制,可以使用整数、小数或分数,以便使每个数字同你觉察的刺激相匹配。在数量估计法中,把数字分派的感觉上的规则就是,使每个数字同我们觉察的刺激相匹配。

客观世界和主观世界在数量上是变化的,科学家用数字来表示这些变化,因为数字是一种描述各种不同事物的通用语言,数字以及它们的有关操作是客观世界与主观世界的各种关系的类似物(analogue)。例如人的智力有高下之分,我们可以用测量智力分数的高低来表示;天气气温有冷热变化,我们可以用摄氏度来表示。而且,我们还应注意到,用数字表示事物比用其他方式表示更为精细。

二、心理学中的测量

各种心理学测验就是测量。例如,学习完几十个单词后,让你自由回忆,这种记忆测验就是对你的记忆的测量。在这里,测量把你的学习外在行为与内心的记忆联系起来了,即把学习转化为记忆了。

测量的转化(transformation)功能,即将心理与行为转化为概念是心理学实验研究的一个重要特征,因为测量是通过实验任务、仪器和实验程序等设置实现的,因此它体现了某类或某项实验的特殊性——把某种行为、心理过程转化为某种特定的概念。例如,人们对灯光、声音的反应快慢不同,通过测量这些快慢不同的反应转化为反应时的大小。又例如,通过自由回忆的测量,把人的外显记忆的心理过程表现出来,通过补笔的测量,把内隐记忆的心理过程表现出来。

人们要问,通过补笔测量得到的数字能代表或描述无意识的记忆吗?通过智力测验(测量)得到的数字能代表或描述智力吗?这就是测量的效度问题,即研究者测量到的东西是否是他们想要测定的行为、心理。智力测验始于 Binet 寻找一种客观的测验以筛选弱智儿童进入特殊学校学习。最初使用了反应时与感觉敏锐程度的测量,后来证明这类测量没有用处,换句话说,反应时与感觉敏锐度并不能测量智力,这类测量在智力测量上是无效的。即使今天,用智商表示智力已得到广泛认可,但争论仍然存在。这说明像智力这样复杂的现象,它的准确定义是一个渐进过程,是一个由不准确的智力定义到相对而言愈来愈准确的智力定义的过程。这个智力概念发展的过程离不开智力测量的发展,同时智力测量的效度也离不开智力的概念。因此,心理学中的测量是以各种心理学概念、理论为基础的。

效度问题也是各种测量方法得到的结果的一致性问题。例如,测量饥饿动机的强度就有许多的测量方法可以尝试:第一种是以动物被剥夺食物的时间有多长表示。第二种是测量动物的行为作指标,如小白鼠跑迷宫(以得到食物)的速度。第三种是按压杠杆以获取食物的频率。或者,测量多大的电击可以阻止动物跑过有电的栅格去获得食物。类似地,添加多少奎宁到食物中去才能阻止动物吃它也可以作为一种指标。如果某种方法测量的结果与其他方法的结果十分一致,而且该测量还有相对正确的理论基础,我们就可以认定该测量是有效的。第 2 章列举了 8 种测量动物害怕的方法,它们之间就有很好的一致性。

除了测量的效度问题,还应该注意到,某种测量只是对心理学概念所代表的心理过程或状态的某个侧面或部分的测量。例如,自我概念高度的复杂性使它在脑成像研究中至少有三类不同的测量:① 知觉性的自我测量一个人对自己的面孔图像、自己的声音以及自己的气味等辨认的能力;② 记忆性的自我测量一个人的自传性记忆或情景记忆;③ 思维性的自我测量一个人元表征(metatepresentation)的能力,即反映自己当前心理活动与状态的能力(Zhu,2004)。在这个例子中,我们称每一类测量为对复杂实体的部分测量(partial measure),每一类测量均不能代表一个完整的自我。因此,实验心理学提倡运用多种不同的部分测量来研究同一实体。也正因为如此,心理学的概念、理论或规律多半不是靠推论、公式去预测,而是靠更多测量得到的经验数据去丰富。

三、经典物理学与心理学在测量上的比较

测量对实验科学来说十分重要,但由于学科不同,情形便不相同。本节比较经典物理学与心理学在测量上的差别,并进而讨论两者在理论上的差别。

(一) 测量对心理学更为重要

"理论的另一面是一个理论必须说明测量什么与如何测量,物理学忽视了这个侧面,而它对心理学却非常重要。"(Sperling,2002)这是因为在经典物理学中,对一个特定情景可以用有限的规则进行描述,因此,事物的复杂性是通过基本规则预期的。Sperling(2002)举例说:"根据牛顿定律,两个物体之间的引力 G 与它们质量的乘积($m_1 m_2$)成正比,而与它们之间的距离的平方成反比 $G=m_1 m_2/d^2$。这种关系既简单,又非常准确。如果若干物体在运动中,并且通过重力相互作用,那么相应的运动模式就会相当复杂。通过对牛顿公式进行反复地迭代,人们就可预期在未来几百年后发生的相邻的两次日食。整个经典物理学中通过简单规则派生出复杂特性的例子屡见不鲜:电磁的简单关系决定了复杂电子线路的设计;简单光学原理决定了非常精细的多组件透镜的设计,等等。在上述例子中,物理学家从几个假设出发,很快就可以得到非常复杂的结果。根据自己的努力和可以计算出的结果,物理学家发现他们的预期相当精确,无需依靠新规则的参与……经典物理学以计算复杂性为代价实现了理论上的简化。"

与经典经物理学不同,心理学中一个简单规则(或理论)只能对某个现象进行部分解释,要获得更好的、准确的解释不是依赖于计算,而是需要更多的规则,即知识。"新知识往往使得心理学家放弃简单的、完美的理论而转向更复杂的、不很完美的理论。"(Sperling,2002)例如,人们现在不是去测量一般的智力,而是从三个方面考察智力,并且每个方面又有许多因素要考虑:生物智力——生理学、遗传学和生物化学;心理测量的智力——教育、社会经济地位、文化因素和家庭抚养;社会智力——人格、教育、精神障碍、家庭背景、应激策略、饮酒习惯、文化因素、营养、动机、社会经济地

位、经验与健康(Eysenk,2002)。总之,对智力的理解不是由几个因素或几条规则,通过计算或推论达到的。相反,通过对影响智力的各种因素的测量以及理论上的综合,我们用经验的事实修正并丰富对智力的理解。因此,测量对心理学更为重要。

在当代人类知觉研究中存在着两个对立的学派,一个是以马尔(Marr)为代表的视觉计算理论,Treisman 的特征整合论是其具体化;另一个是陈霖提出的拓扑性质知觉理论。前者以认知的计算理论为基础,"认知的计算理论认为,通过图灵机给出计算的最一般的精确定义,认知和智力的任何一种状态都不外乎是图灵机的一种状态,认知和智力的任何活动都是图灵机定义的离散符号的、可以一步一步地机械实现的'计算'"(陈霖等,1996)。人工智能创始人之一 M. Minsky 1990 年对认知的计算理论提出批评,他认为"认知(智力)活动不是可以由在公理上的数学运算来统一描述的现象;人工智能(无论是符号处理还是人工神经网络)都受害于一个共同的哲学(方法论)倾向,即喜欢使用在物理学中获得成功的方法去解释智力。这个方法是用简单而漂亮的形式系统来解释智力"(陈霖等,1996)。

陈霖根据拓扑性质知觉理论的研究对马尔的视觉计算理论提出批评。在他 2005 年发表于《视觉认知》杂志(Visual Cognition)上的长篇主题论文中指出,"马尔的视觉计算系统的基本思想,用他的话说,就是'在形象(image)分析的早期阶段,所使用的表征(representation)更多地依赖于什么是可计算的,而不是什么最终合意的'。然而本文的出发点是,物理上或计算上简单的并不必然地意味在心理上是简单的或知觉上是基本的(primitive);因此,哪些变量是知觉的基本单元并不是主要由逻辑推论或计算复杂性的分析来回答的问题,而是由经验发现来回答的问题。"

Minsky(转引自陈霖等,1996)、陈霖(Lin Chen,2005)与 Sperling(2002)的分析是一致的:物理学更多地依赖数学运算来统一描述它所研究的现象,认知的计算理论和视觉计算理论也是如此。但是,在物理学中获得成功的形式系统分析方法(计算分析)并不适合于心理学,心理学强调经验发现——通过测量获得的经验数据。例如,什么是知觉的基本单元并不是由计算复杂性的分析来回答的问题,而是由经验发现来回答的问题。

(二) 测量误差不同

与物理学不同,生命科学中变异的主要来源是真实的个体差异(individual difference)而不是测量误差(error of measurement)。物理学中,至少在量子水平以上,变异来源主要存在于测量仪器,而不存在于要测量的实体(entity)。对不同电子测得的平均电荷是一个普遍适用的常数。然而,生命科学中测量一些个体构成的一组平均数只有通常意义上的重要性,它并不对应于其他任何一个自然实体。没有变异参照的平均数是毫无意义的这一统计学原则,因而在生命科学中具有了

更深的含义(Anderson,2001)

与生物学一样,心理学中的变异来源,主要是真实的个体差异。例如,我们测量了北京大学 50 名学生的记忆的自我参照效应,就宣称为"中国大学生"的记忆的自我参照效应。其实,北京大学的学生、北京高校的学生、贵州高校的学生、中国大学生等说法,其含义可能差别不小。另外,心理学中的个体差异具有实在的意义,因为实验处理的效果对不同个体可能具有不同的意义。例如,某些药物对一部分人群有益,但对另一部分人群有害;教育心理学中的教学法也有类似的问题。这样,在应用心理学领域中研究(测量)个体差异具有普遍的意义,即不是要避免个体差异而是要研究其真实的存在,并设法解决它。

(三) 心理学的测量更为困难

Sperling(2002)说:"我认为经典物理学和生物学之间存在深层的差异。心理学和生理学的复杂性具有双重原因。达尔文的进化论指出有机体具有复杂的、相互作用的先天机制;学习使得一个复杂有机体(如一个人)的当前状态是其自身发展史的复杂函数。"因此,"测量当前的心理状态的复杂程度要比测量诸如温度或位置这样的物理状态高许多个数量级"。他接着以最简单的心理实验——视觉反应时的测量为例,说明心理学中测量的复杂性和困难。视觉反应时的测量取决于许多因素,其中包括:刺激的强度、大小、形状、颜色、瞬时波形以及网膜位置;刺激呈现顺序;预备时间(从"预备"到亮光刚出现间的时间间隔);预备时间的分布;个体以前的反应时;注意与预期;个体的生理状态;内隐和外显的报酬系统以及对超前反应和错误反应的惩罚;先前的训练;与刺激相关的脑电 α 波相位;个体差异(包括年龄、体型、接受训练的情况,动机,对指导语的理解等)。而且,许多相关因素间也具有交互作用;也就是说,一个因素的效应取决于其他因素的取值,因而,就不能孤立地对这些因素进行研究。

司马贺[①](1986)也说过:"在心理学中发现规律是很困难的,这主要是由于研究对象本身的复杂性……其中一个困难是,我们所研究的人类机体总处于一定的环境之中,而且适应性又很强,人的行为既取决于机体本身,同时又是适应环境的结果。所以我们只描述机体本身是不够的,还需要研究机体与周围环境的关系。另一个困难是,同一个人在同样的环境中可以有不同的反应,而人与人之间又有个别差异,这就造成了研究结果的不确定性。"

(四) 物理学理论与心理学理论的比较

将经典物理学与心理学在测量上作比较后得出的相应结论就是:经典物理学

---

① 司马贺即 Herbert A. Simon,这是他为自己起的中国名字。

依靠复杂的计算使得理论简化,但心理学理论无法简化,因为无法精确地测量心理状态。这一论点与 Simon(1990)的思想是一致的,即心理学的规律主要是定性的规律。它也与 Minsky(转引自陈霖等,1996)的论述一致,即认知(智力)活动不是可以由在公理上的数学运算来统一描述的现象,想用在物理学中获得成功的方法,即用简单而漂亮的形式系统(计算系统)来解释认知,看来是错了。

如果我们始终记住,人类机体在历史上是进化的产物,在当前又是适应环境的结果,那么,Tulving 关于记忆与自然进化关系的论述可以帮助我们理解,为什么心理学中没有简单而漂亮的形式系统可以利用。当代记忆理论争论的一个焦点就是,我们具有一个记忆系统还是多个记忆系统? Tulving(1998)说:"虽然早期的文献已提示学习与记忆可能具有不同的形式,但过去流行的(即使没有充分论据)观点却认为,所有学习与记忆的机制基本上都是相同的。这种一元的观点根源于坚持节俭(parsimony)原则的愿望,它在很长的时间里躲过了对它不利的资料。然而,它忽视了这个事实,即自然本身很少是节俭的,自然的进化是一位干粗活的修补工,而不是一位精细的工程师。"按照 Tulving 的思想,如果自然进化是一个工程师,它就会按照事前设想好的简单节俭的形式发展;如果自然进化是一位修补工,那它不遵循预定的形式发展(自然界也不存在预定的发展模式)而是需要什么就补什么,就发展什么。就多种记忆系统而言,它正是进化和适应的结果。Tulving(1998)说:"对简单的感觉刺激学会做适当的反应(程序记忆)在进化和发展的所有阶段上对有机体来说,都具有明显的生物学效用。确认某种环境中的客体,以及又快又省劲地学会这样即知觉启动,也具有明显的生物学效用。而较晚进化的学习和记忆形式,如初级记忆或工作记忆和情景记忆,对于生存在相对简单和稳定环境中的生物来说(这包括过去旧石器时代人类的祖先和今天人类的婴儿和遗忘症患者)都不是必须的。当需要个体内心的思考与个体间的交往时,即需要抽象的思考和语言时,工作记忆便成为较基本的记忆形式。情景记忆能够对发生在不同时间的类似事件进行编码或存储,从而在加速我们获取关于世界的知识方面极为重要。"自然进化是一个修补工的思想在林登(D. J. Linden)最近的新书《偶然的头脑》(The Accidental Mind)中得到生动的体现。林登认为,大脑功能确实强大,但在设计上显得古里古怪,是一个东拼西凑的东西,把千百万年进化史中积累起来的临时解决方案都攒在了一起(Linden,2007)。

上述经典物理学与心理学在测量上的差别,有助于我们理解与作为定量规律的物理学比较,为什么说心理学的规律主要是定性的规律。

但 Sperling(2002)还指出:"尽管物理学和心理学理论在结构上有明显差异,一般认为两者并没有本质上的差异。物理学家和工程师只是围绕他们了解的系统进行研究,因此,他们的理论就显得比较有效。一旦物理学家必须面对自然发生的问题时,例如,要求精确预期在厨房地板上打碎的一个装马提尼鸡尾酒的杯子碎片和酒的泡沫形状,他们所面临的不确定性就和心理学家一样了,此时只能说出基于一般机制的理解,而无法对一个特例做出精确的预期。"著名哲学家普列汉诺夫也很早就表述过类似的思想。他说,一颗炮弹爆炸时科学家无法预测每块碎片的去向,就像历史学家只能大致预测历史的走向,却无法说出历史的具体进程一样。

司马贺(1986)还指出了心理学与物理学的另一个类似之处。他说:"哲学家都清楚归纳法有一个问题,就是从观察到的行为并不能准确地推论出它的程序是什么。因为有时不同的程序也可以导出同样的行为结果。牛顿定律有充分的理由说明天体运行的规律,可是我们不能知道牛顿定律是否天体运动产生的唯一原因。在人们接受牛顿定律几百年以后,现在认识到仅用牛顿定律去解释天体运行规律是不够的,而用相对论能够更好地解释行星的运动。认知心理学遇到的是同样的问题。我们想用信息加工过程(程序)去解释所观察到的行为,但是又不敢肯定这个程序就是造成行为的唯一原因。在这个问题上,我们可以看到一些比较成熟的科学,如物理学、化学、生物学等,并不比心理学处于更有利的地位。"

参 考 文 献

Eysenck H J (2002). 心理学和未来. 见:R Solso 编,朱滢,陈烜之等译,21 世纪心理科学与脑科学. 北京:北京大学出版社,266~292

Sperling G (2002). 实验心理学理论的目标. 见:R Solso 编,朱滢,陈烜之等译,21 世纪的心理学与脑科学. 北京:北京大学出版社,248~259

司马贺 (1986). 人类的认知:思维的信息加工理论. 北京:科学出版社, 4,15

陈霖,朱滢,陈永明 (1996). 心理学和认知科学. 见:21 世纪初科学发展趋势课题组著,21 世纪初科学发展趋势. 北京:科学出版社, 108

Tulving E (1998). 记忆的组织,答案在哪里? 见:M S Gagganiga 主编,沈政等译,认知神经科学. 上海:上海教育出版社,527

Anderson N H (2001). Empirical Direction in Design and Analgsis. NJ, Mahwah:Lawrence Erlbanm Associates

Lin Chen (2005). The topological approach to perceptual organization. Visual Cognition,12(4):553~701

Linden D J (2007). The Accidental Mind. Cambridge, MA:Belknap Press.

Plutchik R (1983). Foundations of Experimantal Research. New York:Harper & Row

Richardson-Klavehn A & Bjork R A (1988). Measures of memory. Annual Reviews of Psychology, 39:475~543

Zhu Ying (2004). Neuroimaging studies of self-reflection. Progress in Natural Science, 14(4):296~302

12

计算机与心理学研究

心理现象与行为的复杂性是毋庸置疑的（Fodor，2000；Pinker，1997）。心理学研究的重要目的之一是对复杂的心理现象与行为提供的一些相对简单的解释。这些解释，虽不完全或不准确，却可以引导我们在一定程度上理解复杂的心理现象与行为是怎样发生的。在前面的章节中，我们探讨了各种实验的方法及其相关的统计理论怎样帮助我们经验地寻找及检验这些解释。

自从20世纪下半叶起，随着计算机科学技术的飞速发展，计算机与心理学研究的联系变得愈发紧密。一方面，计算理论的发展使一种基于信息加工的心理学理论逐渐成熟。根据这种理论，人脑是一个信息加工系统，心理过程是一种信息加工的过程，因此，心理现象可以通过计算机来模拟（simulating），而这些模拟也就为相应的心理现象提供了一种解释。更为具体的，各种可以在计算机上运行的认知架构被提出和发展出来，这些架构，通常通过建立某个心理现象的计算模型而被具体化和精确化，可以帮助我们计算地找寻和验证对相应心理过程的理解和解释。另一方面，心理学研究的成果也促进了计算机科学技术的发展，尤其在人工智能、机器学习、拟人机器人和人机交互等一些领域。

详细描述计算及计算机与心理学研究的关系远远超出了本书一个章节所能涵盖的内容。感兴趣的读者可以阅读相关参考书（例如，Anderson & Lebiere，1998；Newell，1990；O'Reilly & Munakata，2000；Thagard，1996，1998）。在这一章中，我们主要从两个方面概述它们的关系：一是计算机作为一种工具在心理学研究中的应用。二是计算机作为一种心理学理论（psychological theory）和计算模型作为一种方法论（methodology）在心理学研究中所起得的作用。我们希望通过对这两个方面的综述及一些例子，使读者能对计算机与心理学研究的关系有一个提纲挈领的认识。

一、计算机作为心理学研究的工具

虽然心理学有一个非常长的过去,但心理学作为一门独立的实验科学的分支只有一个相对较短的历史,百年左右而已。计算机作为实验心理学研究的工具出现在心理学实验室则是最近几十年的事。但是,正是由于计算机在心理学实验中的广泛使用,从实验设计和实验控制,到数据采集和数据处理,心理学实验的简便性,精确性以及效率都得以大大提高。

(一) 计算机简介

在现代计算机出现之前,"计算机"是指那些用手工作科学计算的人(Grier,2005)。从 20 世纪上半叶开始,现代意义上的计算机逐渐出现,其中一个里程碑是 1946 年美国为军事科学计算目的而发明的 ENIAC (electronic numerical integrator and computer)。它是第一台可编程的大型电子数字计算机。在此基础上,一种更通用、更方便编程、更便于输入和存储程序的设计被发明出来。此种被称做冯·诺伊曼架构 (von Neumann architecture) 的设计 (图 12-1) 成了几乎所有现代计算机的基础。

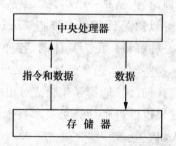

图 12-1 冯·诺依曼计算机架构

根据冯·诺依曼架构,一台通用计算机至少有两部分组成,中央处理器(CPU)和存储器。存储器用于存储代表程序的计算机指令和数据。CPU 从存储器中提取要执行的指令和所需的数据,计算后将计算结果存回存储器。如此循环直到所要计算的任务完成。所谓"通用",就是指这种计算机架构可以存储和执行不同的程序来实现不同的计算任务,只要这些任务可以被表征成 CPU 能识别的计算机指令序列并被存入存储器中。因此,冯·诺依曼架构又被称为存储程序架构。

冯·诺依曼架构描绘了一个通用计算机最基本的理论结构。一台实用的现代电子计算机还附有其他一些必需的结构及通信机制。比如说,CPU 一般由算术与逻辑处理器和控制电路组成。这些构件和存储器通常被集成在集成电路中,构件之间通过总线相连并通过时钟(clock)来控制同步。简单来讲,在一个或数个时钟脉冲里,CPU 从存储器中提取一条或数条指令,在下面的脉冲里,执行之,并在下面的脉冲里,把计算结果存入存储器。CPU 也会及时更新它的一个程序指针,使其永远指向它下一步要存取指令的地址。再加上各种各样的输入输出架构(I/O),如键盘、鼠标、显示器、硬盘、光盘、打印机等,一台简单的个人计算机系统就形成了(图 12-2)。

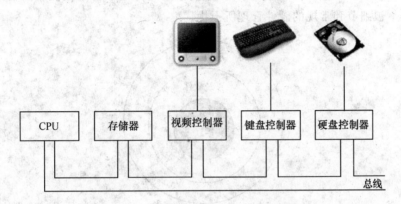

图 12-2　一台简单的个人计算机示意图

　　由此不难看出,一台计算机由许多部件组成,它的速度等性能也是由这些部件所组成的系统共同决定的。比如说,时钟的快慢影响 CPU 的运行速度,但不同的 CPU 有其不同的指令系统(例如,精简指令运算,复杂指令运算),有些复杂的指令要好几个时钟脉冲才能完成。同时,总线的带宽及存储器的效率也影响计算机的快慢。有时由于传输频带效率的限制,CPU 所需要的数据不能被及时传输到 CPU 中,再快的 CPU 也只能空转等待(idling)。为缓解这些因素的影响,计算机通常采用一种层次存储结构(hierarchical memory structure),按离 CPU 的远近,包括寄存器、缓存器、主存、硬盘和磁带等。一般来讲,离 CPU 越近,速度越快,但存储量则相对较小,因此,我们可以根据各种统计原则或规律,尽量把 CPU 所需的数据放在离它较近的地方,以增强整个计算机系统的效率。

　　以上的介绍主要强调了计算机的硬件,但是,一台计算机如果没有软件是不完整、不能工作的。计算机软件是指那些计算机可以存储在存储器中并可在中央处理器执行的程序。从最低级来说,软件是由那些由机器语言写成的指令序列构成的。由于用机器语言编程繁琐且只适合在特定的 CPU 上运行,更高级的程序语言被开发出来。这些语言,例如 LISP, C, C++, JAVA, PERL 等,更像自然语言因而更容易使用,编起程序来也更快捷。通常,这些高级语言不能被 CPU 直接识别和运行,它们要被编译(compile)或解释(interpret)成机器语言才能被运行。这一看似额外的中间过程却使同一个用高级语言写成的程序能很方便地在不同的计算机系统上运行,只要用不同的编译器或解释器处理就行了。

笼统来说,计算机软件可分为系统软件和应用软件两类(图 12-3)。系统软件帮助运行计算机硬件和整个计算机系统。它包括操作系统、设备驱动软件、窗口系统及各种系统程序等。系统软件的目的是最大可能地把应用软件程序员从复杂和繁琐的各种计算机系统管理中解放出来,使他们能专注于解决他们所面临的应用问题而不被细节和常规的硬件管理所干扰。

图 12-3　计算机硬件与软件

应用软件是指那些建立在系统软件基础上的可以让人们完成某些特定计算任务的程序。诸如各种统计软件(SPSS,R,S-PLUS)、计算软件(MATLAB,Mathematical)、办公室软件(Microsoft Office,EndNote)、绘图软件(Photoshop,Microsoft Visio)、数据库软件及游戏软件等。这些软件,虽然有时功能非常强大(如MATLAB),但它们通常是为某些特定的计算任务而开发的。在日常应用中,应用软件常被联合起来使用。比如说,在心理学实验研究中,我们常先用专门的心理学软件来设计试验和收集数据,然后用统计软件来处理数据和产生图表,再用办公室软件来写实验报告和文章。

近年来,随着计算机网络和通讯技术的发展和互联网的兴起,多台计算机可以通过网络被连接在一起。一方面,资源共享使计算机的功能日益强大,也使人们获取信息的能力空前提高。另一方面,互联网也为心理学研究提供了一个新的工具和平台,一些数据的收集和处理,如问卷,不再受空间和时间的限制。

(二) 心理学实验软件

前面我们提到,正是由于计算机在心理学实验中的广泛使用,从实验设计和实验控制,到数据采集和数据处理,心理学实验的简便性、精确性以及效率都得以大大提高。下面我们举例来说明计算机是怎样作为一种工具来辅助心理学实验研究的。

简单来说,心理学实验软件是计算机辅助心理学研究的主要工具之一。一个典型的心理学实验,如反应时实验或记忆实验,通常包括几个要素:呈现刺激和收集数据(反应和反应时)等。这些要素与计算机的结构能很好地对应,如显示器可以用来呈现视觉刺激(听觉刺激可以通过计算机的扬声器来呈现),键盘和鼠标可以被用做反应装置,其信号可以被记录下来作为反映数据。如果我们能通过编写计算机软件来控制刺激呈现的次序、时间、长短,并能及时地采集和存储相应的反应数据,似乎很多的心理学实验都可以通过计算机软件来实现和运行。

实际情况也大致就是这样,只不过要加上一些重要的细节处理。由于计算机是一种用来作通用计算的机器,不是专为做心理学实验的,因此,对心理学实验来说,相对于一些心理学实验专用仪器(如速示器,tachistoscope),在一些方面,计算机的功能显得格外强大(如随机控制刺激呈现的次序),在另一些方面,计算机则显得过于粗糙。尤其在时间控制方面,现代心理学实验通常要求毫秒级的时间控制,但一般的计算机则较难达到(Schneider, 1988, 1989; Segalowtz & Graves, 1990; Strasburger, 1997a, 1997b)。比如,一般的计算机显示器采用阴极射线管技术,它是通过一种扫描的办法把要显示的图像逐行显示出来,只不过因为其速度很快,人的肉眼无法觉察其扫描过程。但当要显示的图像比较庞大。或者我们要对所呈现的刺激作非常精确的时间控制时(比如我们要上下两个刺激同时呈现),计算机显示器在时间控制上的缺点就表现出来了。由于硬件的限制,如何保证刺激在我们想要它们出现的时候及时出现,并在我们想要它们消失的时候及时消失呢?同样的问题也表现在数据收集上。一般来说,键盘和鼠标上的输入并不能及时被计算机的 CPU 所探查,而是有延迟,而且这个延迟并不固定。因此,我们怎样保证能纪录到准确的反应时呢?随着计算机硬件和操作系统的复杂化,多任务(multi-tasking)和虚拟任务(virtual-tasking)愈发普遍,时间控制也变得越发困难和越发重要。

一些早期的解决方法是分化处理(divide-and-conquer)。比如,当用计算机做心理学实验的时候,我们终止多任务和各种无关任务,以使相关的心理学实验程序能尽量全面地掌管计算机的各项资源;我们采用显示切换的办法,以使要显示的图像尽量快速地显示出来以减少误差;我们采用各种特制的反应装置,以使它们的输入信号能绕过计算机内部原有的回路和模式从而被计算机快速采集;我们也可以通过软件改写一些原有操作系统的计算模式,以使其在运行心理学实验时更加快速有效(比如,KeMo 是一套 C 语言的子程序,可用来在 Macintosh 计算机上实现毫秒级的时间控制①)。

早期解决方法的另一个特点是"一个程序,一个实验"。为实现一个心理学实验,我们用某种通用计算机语言编写一个计算机程序。这种方法并不排除程序代码的再用性(reusability),比如,KeMo 子程序可以被用在我们编写的任何一个实验程序中以实现毫秒级反应时。这种方法的优点是我们可以实现对实验的完全的控制:是我们必须做许多低级的重复性工作。我们不仅要注意实验的每一个细节(虽然它们是常规的),而且这些细节常常要用非常专业的办法,用通用的计算机语言来实现。通常,对心理学实验作一些略微的修改或扩充,如加减一个变量,并不容易而需要我们对程序作相对大的变动。

20 世纪 90 年代初,朱滢、王宏斌和范津等在北京大学心理学系开发了一套中文的计算机心理学实验系统(PES)。这套系统包括了数十个经典的实验心理学实验,基本上采取"一个程序,一个实验"的模式。为实现精确的时间控制,一个专用的集成电路板插件被研发出来,并与专用的反应装置相配套。PES 在随后得到进一步的发展并被广泛应用于心理学的教学和科研中。

心理学实验软件的一个较新的发展是开发心理学实验软件的专用语言和平台系统。这些系统使实现心理学实验软件开发变得相对简单、直观、通用和标准。打一个比方,这些系统的作用就像计算机系统软件一样:系统软件把计算机程序员从复杂和繁琐的系统管理中解放出来,使他们能专注于解决他们所面临的应用问题而不被细节和常规的硬件管理所干扰;同样,心理学实验软件平台系统把心理学实验程序员从繁琐和常规的低级任务中解放出来,使他们能专注于心理学实验设计。

一个典型的例子是 PsyScript②,它是一个公开代码的、易用的心理学实验编程环境。它有一整套显示刺激的函数,可用来呈现图像和电影;同时,也有一系列获取反应的函数,可与鼠标、键盘、声音键和各种外设(如眼动仪、脑电仪)接口。这些函数均有精确到毫秒级的时间控制。最为重要的是,PsyScript 是专为心理学实验设计所发展的高级编程环境,因此,它有一些心理学实验所特有的控制结构,从而使设计和编写心理学实验软件变得条理清楚、一目了然。下面的例子展示了一个简单的心理学实验在 PsyScript 中的框架:

---

① 见 http://psychtoolbox.org/kemo.html。
② 见 http://www2.maccs.mq.edu.au/~tim/psyscript/index.html。

```
begin experiment
    display instructions "…"
    repeat 20 times
        do trial "…"
    end repeat
end experiment
```

  PsyScript 是一个易用的心理学实验编程环境,但它只运行在 Macintosh 计算机上。PEBL(psychology experiment building language)是另一个免费易用的心理学实验专用编程环境[1],并可用在多种操作系统(Windows,Linux 和 Macintosh)上。它也有一整套专为心理学实验所编写的函数。同时,由于它基本上用 C++ 写成的,使其能很容易扩展,并能与其他心理学软件(如认知模型)相连,组成更大的实验系统。

  相对于免费的 PsyScript 和 PEBL 来说,商用的心理学实验软件开发平台 E-Prime[2]的功能更强大、更完善,用户界面也更友好。E-Prime 是二十多年研究的结果。它不仅能使我们用 Windows 图形界面快速直观地设计和实现实验,而且允许不同的实验者交流和分享整个或部分的实验程序和数据。它更严格的低级时间控制和硬件控制使其可以各种配置的计算机系统上且其数据可靠性和可信性大为提高。

  E-Prime 不是一个软件,而是一套软件整合在一起。其主要部分包括:① E-Studio。它提供了一个用图形界面来快速设计和编写实验的环境。根据 E-Prime,一个实验由一系列 E-Object 组成,每个 E-Object 有其特定的属性,其属性确定其行为。因此,设计一个心理学实验就是先把某些 E-Object 排在(通过 dragging-and-dropping)一条实验过程线(procedural time line)上,然后再根据实验需要修改这些 E-Object 的属性。② E-Run。在 E-Studio 的图形界面下面,其实是一种被称做 E-Basic 的语言,每一个实验都会很容易被编译成 E-Basic 代码。E-Basic 不仅提供了一种用 Visual Basic 语言扩展 E-Studio 功能的方法,它也使实验变得可以运行和分享。一旦实验被编译成 E-Basic 代码,就可以用 E-Run 来执行这些代码,包括用毫秒级的精确度来呈现刺激和采集数据。同时,你也可以把你的 E-Basic 代码分享给你的同事,他们只需 E-Run(which is free)就可以运行你的实验了。③ E-Merge 和 E-DataAid。这两个软件是用来作数据处理的。我们可以用 E-Merge 把多个被试的数据整合起来,然后用 E-DataAid 来作快速简洁的统计分

---

[1] http://pebl.sf.net
[2] http://www.pstnet.com/

析，并输出结果。

为简单演示 E-Studio 的功能，图 12-4 显示了一个尚未完成的实验设计。上图部分显示了当时的实验结构（"Structure"）。它表示这个实验现有一个"SessionProc"，其中又包含一个"DesignList"列表。这个列表的每一行都是一个实验片段"TrialProc"。这个片段又含有三个子结构：GetReady，Fixation 和 Probe，每个子结构都是一个文本显示器。这个"TrialProc"又可被形象地显示为一条时间线，表示在下图部分。

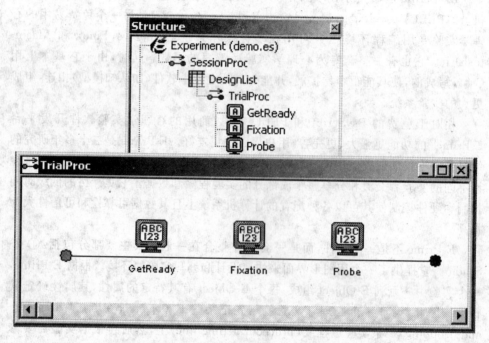

图 12-4　E-Prime 实验结构和时间线表征

图 12-5 进一步显示"GetReady"这个 E-Object 的属性。从图中可以看出，这个文本 E-Object 有许多类的属性（7 个选项卡）可以被设置。图 12-5 只显示了其时间和输入类（"Duration/Input"）。因为这个 E-Object 显示给被试的指示语是"准备好后请按空格键"，其"（infinite）"的 Duration 表示它的显示时间无限长，直到被试反应为止。同时，这个 E-Object 只接受键盘输入，而且其输入必须是空格键"{SPACE}"；否则它将一直等待。一旦一个空格输入被觉察，这个 E-Object 将被终止（"Terminate"），其下面一个 E-Object 将开始被执行（根据图 12-4，下一个 E-Object 将是"Fixation"）。

这个实验共包含多少片段及每个片段的特殊属性都是通过"DesignList"列表

第 12 章 计算机与心理学研究

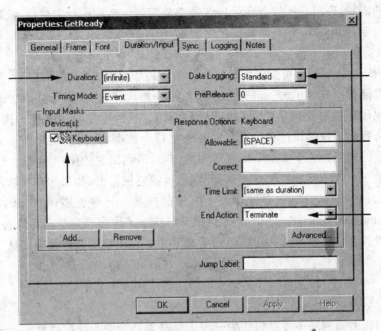

图 12-5　在 E-Prime 中设置 E-Object 属性

实现的。图 12-6 显示这个实验现有 8 个片段，每个片段有不同的刺激等，其正确反应键也不同。这 8 个片段的抽样方式也是可以设定的。它现在采取顺序取样（sequential selection）的方式。

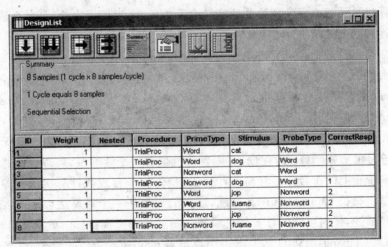

图 12-6　在 E-Prime 中设置列表及其属性

E-Studio 就是通过以上的图形界面来帮助我们快速直观地设计实验的。除非有特殊的需要,E-Studio 将自动处理各种细节问题。实验设计完成后,我们只需输入编译命令,E-Studio 就会帮我们把实验编译成 E-Basic 代码,可以运行和采集数据了。

E-Prime 是一整套功能强大且可扩展的心理学实验软件开发环境。我们以上的简介只涵盖了其很小的一部分。通过各种外加软件包(package),E-Prime 可以与许多现代复杂的心理学工具(如 fMRI,EEG 等)相连并同步工作。因此,通过 E-Prime,我们不仅能设计和运行实验并采集行为数据,我们也同时能采集与刺激相应的脑的数据。关于 E-Prime 更详细的资料,请参阅它的用户手册。

在关于心理学实验软件这一部分的最后,我们想指出,如果你在互联网上搜索 "psychology software",你会发现有上万条的连接。一些连接(如 http://www.psychology.org/links/Resources/Software/)给出了许多心理学实验软件的列表。感兴趣的读者可以参考这些连接得到更多的相关心理学实验软件的信息。

二、计算机作为心理学研究的理论和方法论

我们在上面简述了计算机作为一种工具是怎样帮助心理学研究的。在这一节里,我们概述计算机及其科学是怎样作为一种理论和方法论来促进心理学,尤其是当代认知心理学发展的。

(一)历史回顾

计算机科学与心理学理论的紧密结合开始于 20 世纪上中叶,是多个研究领域互相借鉴和融合的结果。

早在第一台真正意义上的电子计算机出现以前,Alan Turing(图灵)在 1936 年就提出了图灵机(Turing machine)的概念。它是现代通用计算机的理论和数学模型,可以用来系统分析研究计算的本质(essence)、特征(characteristics)、能力(capacities)及局限性(limitations)。一台图灵机事实上是一个符号处理机(symbol-manipulating device),由一台有限自动机(finite automaton)和一条无限长的可记录符号的磁带子(tape)构成,有限自动机带有一个读写头,可以根据指令移动或读写磁带子上的符号。尽管简单,图灵机是任何一台现代计算机的完整的形式理论模型。根据 Church-Turing 命题,图灵机提供了一个对算法(algorithm)的精确定义和描述,任何可能的计算都可以通过图灵机来实现;反之,就是不可计算的。此后,图灵(Turing,1950)又提出了图灵测验(Turing test)的设想,试图来回答"机器能思想吗?"的问题。在这些工作的基础上,1956 年,McCarthy,Minsky 和 Shannon 等在美国达特茅斯召开了一个关于人工智能的会议,一篇有广泛影响力

的文章也随后发表(Minsky,1961)。1967 年,Minsky 乐观地宣告,"在一代人之内,创造'人工智能'的问题将会基本解决"(Minsky,1967)。

几乎与计算理论和人工智能的发展想平行,20 世纪中叶在心理学中也发生了一场认知革命(cognitive revolution)。以 Chomsky,Bruner 和 Miller 等为代表,心理学家开始重新关注各种心理过程和表征。行为主义的心理学逐渐被遗弃,知觉、注意、记忆和意识等这些原本认为是刺激-反应的衍生物的心理现象又成为心理学研究的主要对象,它们的信息加工机制被强调。

应该说,正是这些新的研究思潮和进步使计算机科学和心理学的关系变得愈发紧密。计算开始被当做心理过程的载体。从 20 世纪 50 年代后期,Newell 和 Simon 证明了计算机不止能算,而且可以做更多的事情。他们显示计算机所使用的二进制数串可以用来表征任何东西,包括现实世界的各种特征;计算机程序可以用来表征连接这些特征的规则和事实。这样的结果是,我们可以用计算机所固有的表达结构来表征现实世界中的事件及其之间的联系,而当计算机作为一种物理符号系统(physical symbol system)来存储和操作这些表征,我们就可以用计算机来模拟心理过程并建立人的心智的计算机模型。他们的经典著作《人类问题解决》,总结了这一时期的工作(Newell & Simon,1972)。

Marr(Marr,1982)为用计算的方法来研究心理学提供了进一步的理论根据。他强调我们必须用分层的方法来研究信息加工。对任何一个信息加工系统(包括人脑)来说,我们只有明白了它在每一层是怎样工作的我们才能说我们对这个系统有一个全面的了解。图 12-7 给出了 Marr 的三层分析法:最上面一层是关于系统的抽象计算理论(abstract computational theory),这个理论要清楚地说明此系统的计算目标及其从一种信息转换到另一种信息的特征(characteristic)和合适性(appropriateness)等;中间一层是选择起转换算法所需要的表征;在最下面一层,我们要了解算法及其表征是如何具体地物理地实现的。Marr 指出这三层分析仅仅是松散相连的,在每一层都有许多选择,而这种选择大体上是和其他层相互独立的。Marr 的理论显示我们可以在不同的层次来分析某个心理现象,比如,我们可以在表征和算法上描述推理,而不用太顾及此描述是怎样在硬件上实现的,尤其是此硬件可以是人脑,也可以是计算机或其他物理机器。因此,虽然看起来人脑是并行处理的而计算机是串行处理的,但这种分别只在算法层次,而不在功能层次-任何并行程序都可以被重写成串行的,因而不能作为人脑与计算机完全不同的论据。Marr 演示了其理论是怎样用来分析和理解视觉的;类似的分层理论也被其他的研究者提出过(Anderson,1990;Chomsky,1965;Newell,1982;Pylyshyn,1984)。

计算理论	什么是计算的目标，为什么它是恰当的，这一策略得以运用的逻辑是什么？
表征和算法	这个计算理论怎样能被贯彻？特别是，什么是输入与输出的表征，什么是变换的算法？
硬件实现	表征和算法怎样能在物理层次上被实现？

图 12-7　Marr 分析信息加工系统的三层区分法（Marr，1982）

虽然早期人工智能研究者所梦想的智能机器仍然只是梦想，但最近几十年人们见证了许多用信息加工的理论和方法成功构建各种心理现象的计算机模型的例子。建立计算模型也成为一种新兴的学科，成为认知科学的理论基础和重要研究方法（Thagard，1996）。计算模型不但为所研究的心理现象提供了一种解释，而且与以前的纯描述性的解释相比，计算模型的解释更具体、更细致，根据其所作出的预测，不但包括质的也包括量的，因而更容易被实验验证和证伪。但是，在看待这些模型或自己构建模型的时候，我们也必须注意其局限性。Marr 的三层分析法说明我们可以在不同的层次上建模，但是研究者必须清楚地知道其模型是建立在什么层次上，以避免夸大其模型的解释能力。另外，人工智能所面临的困境（Dreyfus，1992；Hofstadter，1979；Penrose，1989）也从另一个方面说明不同层次之间或许是有更紧密联系的，人脑作为心理过程的实现系统对上面的层次可能有更直接的影响，机器在常识表达、意识实现等方面的不足也促进了各种跨层次的理论探索和实践，如实体化的认知、生物学意义上真实的模型、类人化机器人、旷野中的认知等。

（二）认知架构

在用计算机来解释和模拟心理现象的不长的历史中，一个重要的事件是关于认知架构（cognitive architectures）概念的提出和发展。简单来说，一个认知架构是一个关于人类认知的结构的相对完整的描述。就像设计师建房子需要蓝图一样，一个认知系统的蓝图也可以被描述（Anderson，1983，p.4），此蓝图就是认知架构。在认知架构的基础上，理论上我们就可以对一切心理现象进行系统性的和有据可依地的模拟。

认知架构的发展是和 Newell 在 1973 年发表的一篇重要文章分不开的（Newell，1973）。在这篇文章中 Newell 指出心理学的进步不能仅靠许许多多相互之间并不关联的单个的实验和理论,这些实验和理论虽然为我们了解心理现象和问题提供了基本数据,但这种自下而上的方法并不能使我们对心理学有一个全面的认识——部分之和并不等于全体。心理学需要一个新的方法能使我们更全面更整体地研究心理现象,而不是把它们切割开来逐个突破。Newell宣称,"心理学已达到统一认知理论这种可能性,即统一的认知理论通过安排单个系统协同工作来获得智能(power),以产生全部的人类认知"。(Newell, 1990)。在后来的工作中,Newell和他的同事发展出"Soar"①,一种基于产生式系统的认知构架作为其追求统一的认知理论(unified theories of cognition)的一种尝试(Laird, Newell, & Rosenbloom, 1987; Newell, 1980, 1990; Rosenbloom, Laird, & Newell, 1993)。

John Anderson关于体系、理论和模型的区分能帮助我们更好地理解认知架构和计算模型(Anderson, 1993)。体系是指心理学中那些关于人类认知有力的和普遍的的命题,一些例子包括:人类认知是一种信息加工过程;记忆有多种,如短时记忆和长时记忆;人的推理和决策是理性的。

虽然这些命题可能揭示了关于人类认知行为的一些最本质的性质,但是它们都没有被足够精细化以至于可以对行为作预测。也就是说,它们都缺乏经验的可证伪性。但这些命题被进一步详述并加入各种假设和限制,它们就成为理论。显然,一个体系命题可以演绎出许多不同的理论。关于短时记忆和长时记忆的区分就有许多种,其中以Atkinson和Shiffrin1968年的理论最有影响力(Atkinson & Shiffrin, 1968)。该理论的那些假设和限制对预测和证伪至关重要:对短时记忆的时间和空间广度的不同设定显然会引起不同的理论预测。

但理论被应用在某个特定的情形下时,一些额外的附加假设又会被加入以表征情形。此时,理论就被进一步细化为模型。从这个意义上讲,模型是理论被应用到特定情形下的产物。因此,同一个理论会引发出许多不同的模型。一个例子是,当我们有理由怀疑不同的被试采用了不同的记忆策略时(如我们用了不同的指示语),我们就有可能需要为不同的被试建立不同的模型,虽然这些模型都是在同一个理论指导下。正是这些被精细化了的模型使得我们可以对实验结果作更为细致准确的解释和预测。

各种认知架构是关于人类认知——包括其表征、结构和过程——基本原理和准则的计算理论,也是Newell的统一认知理论的具体实现。由于它们的完整性,理论上它们可以用来模拟从知觉和注意到推理和决策等一系列认知现象,它们可以在各种未知或未预料的情况下表现出适应性的行为。通常,它们被实现为可以在计算机上运行的程序,以使我们可以为不同的认知任务建立可运行和可检验的

---

① 关于Soar更多的信息,请参阅 http://sitemaker.umich.edu/soar。

计算机模型。下面,我们简单介绍两个不同的认知架构:一个是基于产生式系统的符号认知架构;另一个是基于神经网络(neural networks)的符号下的认知架构。我们会举例说明它们是如何来解释和模拟人类认知的。

1. ACT-R

ACT-R 是 John Anderson 及其同事在美国卡耐基大学用了三十多年的时间而发展的一个统一的认知理论。不仅如此,ACT-R 也是一个实用的模型构建系统,它提供了一整套语言和工具来帮助使用者能更方便地建立和检验心理现象的计算模型。它已经被成功地用来模拟一系列的心理现象,从记忆到问题解决和技能获取。

那么,ACT-R 是怎样来解释人类认知的呢?从本质上来讲,ACT-R 试图通过一套作为认知基础的基于符号的知识结构来解释人类认知。虽然 ACT-R 的很大一部分解释能力来自于它的那些符号下的结构和计算,但它基本上是一个基于产生式系统的符号认知架构。关于 ACT-R 的演变历史及它与其他基于产生式系统的认知架构的关系,请参阅相关文献(例如,Anderson,1993)。

ACT-R 由一个知识表征(knowledge representation)理论、一个知识运用(knowledge deployment)理论和一个知识获取(knowledge acquisition)理论组成。ACT-R 关于知识表征的一个最基本的假设是描述知识(declarative knowledge)和过程知识(procedural knowledge)的区分(Schacter & Tulving,1994)。根据 ACT-R,描述知识是指那些人们可以意识到并可以描述给他人的知识,例如"北京是中国的首都"和"3+4=7"等。过程知识是指那些人表现在行为中但不易言传甚至意识到的,例如人是如何骑自行车的和如何讲话的。同一个知识可以表达为不同的形式,如骑自行车,当我们正在学习骑自行车的时候,骑自行车的知识或许是以描述形式表达的;当我们学会以后,骑自行车的知识就变成过程的了。ACT-R 描述了这两种知识表达是如何相互作用来实现认知的(图 12-8)。

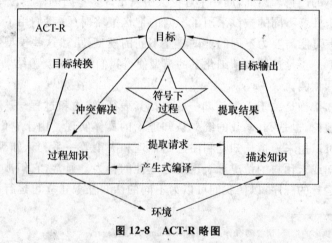

图 12-8　ACT-R 略图

在 ACT-R 中,描述知识被表征为模块而过程知识被表征为产生式。模块和产生式是构建一个 ACT-R 模型的基本元件。用 ACT-R 的语言来说,"3+4=7"这个描述知识可以被表征成以下形式:

```
Fact 3 + 4:
    ISA addition-fact
    addend1 three
    addend2 four
    sum seven
```

而产生式则被表征为是条件-反应对(condition-action pair):

```
p:
    if the goal is to calculate 3 + 4
        and we know 3 + 4 = 7
    then return 7 as the answer
```

注意产生式是一种抽象的表征,因而是可以含有变量的(在 ACT-R 产生式中,那些以"="开头的字表示变量)。

在 ACT-R 中,模块和产生式不仅是构建一个计算模型的基本元件,它们更被认为是人类"思想的元素"。产生式定义了思想前进的单元;而模块定义了人的描述记忆的知识单元。根据 ACT-R,平均每几十毫秒,一个产生式被引发,一个模块被存取或处理,认知就前进一步。因此,模块和产生式是人类认知的最小的符号单元。

ACT-R 有时也被称做是一种混合的认知架构,是因为符号下水平的结构和计算是 ACT-R 的一个重要组成部分。例如,在 ACT-R 中,每一个模块都有一个激活值,它表示着在目前情形下这个模块有可能被认知系统所需要的优势。这个激活值不仅决定了其模块是否会被需要,而且决定了其被存取的速度。同样,每一个产生式也有一个强度值,反映了这个产生式会被选择的优势和反应时间。总体来说,ACT-R 对行为的预测是由符号水平的知识和符号下水平的参数共同决定的(图 12-8)。

同时 ACT-R 的知识获取也发生在符号和符号下两个水平。在符号水平上,模块可以通过记忆以前问题解决的结果来获取,也可以直接从外部环境获取(如视觉的输入或老师的教导)。新的产生式可以通过类比或一种叫做产生式编译(production compilation)的过程来获取。在符号下水平,ACT-R 随时随刻都在调整那些参数,来捕捉外部环境的统计结构。这种符号下的基于统计的调整被 ACT-R 称为理性分析(rational analysis)(Anderson,1990)。

我们用一个算术任务来简单演示 ACT-R 是怎样工作的。我们知道,在小孩子学会加法规则之前,他们的加法运算通常是通过数数(count)完成的,如要知道 3+4 是多少,可以从 3 开始数 4 次:4,5,6,7,来得到答案。用 ACT-R 来模拟这个过程需要几个要素。首先是一些关于数的序列的基本的描述知识,如:

    (b ISA count-order first 1 second 2)
    (c ISA count-order first 2 second 3)
    (d ISA count-order first 3 second 4)

我们也需要一个目标模块来组织我们的模型:

    (first-goal ISA add arg1 3 arg2 4 step start)

一个重要的认知过程是搜索数字序列,可通过下面的产生式实现:

```
(p start                         English Description
    =goal>                       If the goal is
      ISA add                        to add and
      arg1 = num1                    and the arg1 is = num1
      step start                     and one is just starting
    ==>                          Then
    =goal>                           change the goal
      step 0                         to note one is now counting 0
    times
    +retrieval>                      and request a retrieval
      ISA count-order                of a count-order fact
      first = num1                   for the number that follows = num1
)
```

另一个重要的产生式是如果已经数够了次数则反应:

```
(P stop                          English Description
    =goal>                       If the goal is
      ISA add                        to add
      arg2 = num                     the number = num of times
      step = num                     and we did
    =retrieval>                  and a chunk has been retrieved
      ISA count-order                of type count-order
      first = num1                   where the first number is = num1
    ==>                          Then
    =goal>                           change the goal
      step stop                      to note a stop
    !output!(= num1)                 and output the number = num
)
```

我们当然还需要其他的产生式(如在尚未数够的情况下,继续数),但以上的例子已

第 12 章 计算机与心理学研究

可以给我们关于一个用数数作加法的 ACT-R 模型的大概的印象。

当小孩子长大一些并掌握了加法规则的时候,上面的模型就不适用了。一个更简便的模型是直接提取答案,用以下的产生式:

```
(P add                          English Description
    =goal>                      If the goal is
      ISA add                     to add
      arg1 = num1                 = num1 and
      arg2 = num2                 = num2 and
      sum nil                     we do not know the answer yet
    =retrieval>                 and a chunk has been retrieved
      ISA addition-fact           of type addition-fact
      addend1 = num1              where the first number is = num1
      addend2 = num2              and the second number is = num2
      sum = sum                   and the sum is = sum
  = = >                         Then
    =goal>                        change the goal
      sum = sum                   to get the sum
    ! output! ( = sum)            and output the sum
)
```

事实上,当小孩子用数数的办法来求解 3+4 足够多次时,他们就有可能会记住并学会"3+4=7"这个事实,从而采用直接提取的办法来解决问题。有趣的是,ACT-R 可以模拟人的这两种解决问题的方法,并且,通过它自有的学习机制,总结经验,自动获取知识,从而模拟人在这两种解决方法之间的学习过程。

ACT-R 是一个不断改进的系统。在原有的基本系统之上,一个较新的发展是各种知觉-动作子系统(perceptual-motor modules,PM 子系统)的加入(ACT-R 5)。这些 PM 子系统是 ACT-R 和外部环境之间的一个自然连接,并使模拟认知-环境交互作用更容易(图 12-9)。例如,视觉子系统负责与视觉有关的信息处理(如看到一个物体并自动转化成模块和转移注意等),动作子系统负责准备和执行动作(如按压反应键和移动鼠标等)。这些子系统的操作模式和参数大都根据已有的经验的实验数据(见 Meyer & Kieras,1997a,1997b),因而使模型数据更可靠。

ACT-R 5 的另一个重要发展是寻求各个 ACT-R 组成部分的对应的脑机制(图 12-10)。这样做的一个原因是,如果能把 ACT-R 的组成部分和人脑的神经系统对应起来,我们就为 ACT-R 认知架构提供了一种神经科学水平上的依据。同时,这样做也为我们检验 ACT-R 模型提供了一种新方法:我们可以用 ACT-R 模型来预测人脑活动的情况,并用各种脑成像数据来验证(Anderson et al,2004;Qin et al,2003;Sohn et al,2004)。

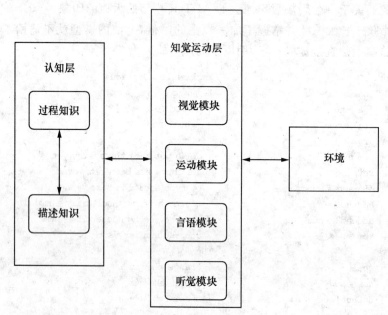

图 12-9 ACT-R 及其知觉-动作子系统(Anderson & Lebiere, 1998)

2. 神经网络

ACT-R 是符号水平上基于产生式系统的认知架构的一个典型代表。另外,各种符号下水平的基于人脑的认知架构也被发展出来,如神经网络理论。这些理论的一个重要假设是,人脑是由许多相互连接的神经细胞组成的。这些细胞中的每一个似乎都很简单,但连在一起则产生了人的认知功能。因此,我们可以通过模拟神经细胞及其连接来模拟和解释人类认知。

与各种符号水平模型不同,神经网络模型的一个重要特点是它的稳健性(robustness)。这个特点是和神经网络模型的许多特质相联系的。比如,由于一个神经网络的功能是由许多人工神经细胞并联而成的网络所支持的,因此,一定量的细胞损坏或连接损失并不能使整个神经网络的功能完全丧失。相反的,由于人类认知所基于的知识在神经网络中并不是通过某个或某些符号所定点地表达,而是松散地表达在各个神经细胞及其连接中,再加上神经网络内在的自学习(self-learning)能力,神经网络能重新调整自己以恢复功能。从这个意义上讲,基于神经网络的模型更接近于人脑而不是擅长符号操作的计算机。

神经网络的发生和发展也不是一帆风顺的,贯穿其中的一条主线是关于学习能力和学习规则的研究。虽然一个真正的脑的神经网络,由于它的可塑性,似乎有着无限的学习能力和机制,但对一个人工神经网络来说学习却是一个挑战。Rosenblatt 早期在知觉机(perceptron)上的工作显示神经网络可以通过错误信号

第 12 章 计算机与心理学研究

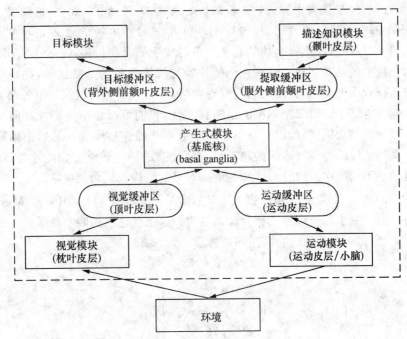

图 12-10　ACT-R 及其对应脑机制（Anderson, et al, 2004）

来学习并调整自己（Rosenblatt，1958）。但 Minsky 和 Papert 在他们 1969 年的书中证明了简单的知觉机的学习能力是有限的——它们不能学习去解决诸如非线性等一大类问题（Minsky & Papert，1969）。突破发生在 20 世纪 80 年代，当时反向传播（back-propagation）学习机制被重新发现（Rumelhart, Hinton, & Williams，1986）。反向传播使我们不仅可以计算输出层的错误信号，也可以计算各种隐藏的中间层的错误信号，从而使人工神经网络的学习能力和问题解决能力大为提高。各种基于非指导下的学习和强化学习的神经网络也相继得到进一步的发展（Hertz, Krogh, & Palmer，1991；Sutton，1988；Sutton & Barto，1998）。

LEABRA（local, error-driven and associative, biologically realistic algorithm）是一个较新的面向人类认知的神经网络模拟系统（O'Reilly & Munakata，2000）。从一定的意义上讲，它也是一个统一的认知理论（unified theory of cognition），可以用来模拟知觉、注意、记忆、语言和决策等一系列认知现象。虽然 LEABRA 也是一个神经网络系统，但不同于以往的人工神经网络系统，它更强调生物真实性，因此更适合构建认知模型。

LEABRA 主要有三个特点：① 它建立在更可靠的神经科学的规律基础上。LEABRA 神经细胞的计算更贴近真实的神经元、有膜电位和离子通道等概念；神经细胞之间的连接要么是兴奋型的,要么是抑制型的,而不能随意变换。LEABRA 的学习机制更为完备,包括 Hebbian 学习和生物学意义上可实现的错误驱动的学习规则(而不是生物学意义上不可实现的反向传播)。② LEABRA 是一个内在统一的认知架构。许多在传统神经网络模型中的重要区分,如指导下的学习与非指导下的学习,进给网络与复现网络,模式识别与自组织地图等都被支持并结合起来。③ 由于 LEABRA 的生物真实性,我们可以先用一个神经网络来模拟某个特定的脑功能区(如可以有不同的激活水平和连接模式),然后根据脑的原则把一系列这样的神经网络连接起来组成更复杂的神经通路。如此这样,我们就有可能建立不同层次的神经网络并与更高水平的结构和概念相关联。

在许多神经科学理论和数据及 LEABRA 的基础上,O'Reilly 和 Munakata (2000)提出了一个基于脑的三部分认知架构。这个理论根据两个原则把人脑分为三大功能区,每一个功能区有其不同的特点(图 12-11):

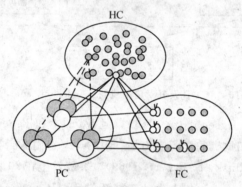

图 12-11　一个基于脑的三部分认知架构 (O'Reilly & Munakata, 2000)

(1) 后部脑区(PC)缓慢地学习以形成整体的、分布式的重叠表征。该表征镶嵌在特殊的加工区域,它能显示短时记忆但相对说来容易受新进入的刺激干扰。

(2) 额叶(FC)也是缓慢的学习,但具有更孤立的表征和动态的机制(闸门和自我保持(self-maintenance))。这种表征与机制能使它在长时的延缓中保持着记忆,即使在输入新的刺激的情况下也是如此。

(3) 海马结构(HC)快速地学会形成稀疏的、既彼此分离又联合的表征。这种表征能大大减少类似记忆间的干扰。

在这个认知架构的指导下,O'Reilly 和 Munakata (2000)给出了许多认知模拟的例子。其中一个是用 LEABRA 来模拟人的空间注意(spatial attention),特别是 Posner 任务 (Posner, Walker, Friedrich, & Rafal, 1984)。他们用一组神经网络来模拟人的视觉皮层,用另两组神经网络来分别模拟人的顶叶皮层(背侧空间通路)和颞叶皮层(腹侧物体通路),并相应地连接它们(图 12-12)。这样一个模型不仅很好地模拟了 Posner 任务中各种条件,而且通过选择性的切除部分细胞或连接,这个模型也模拟了脑损伤病人的数据。

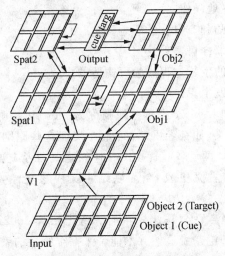

图 12-12　一个空间注意的 LEABRA 模型（O'Reilly & Munakata, 2000）

3. 小结

我们在上面简介了计算理论和计算机模型可以怎样帮助我们解释和理解心理现象,还介绍了认知架构的概念。作为例子,我们描述了符号水平的基于产生式的 ACT-R 和符号下水平的基于神经网络的 LEABRA。两者都可以用来从质和量上模拟一系列认知现象,并能对新的现象做出预测。

但是,它们是否就是 Newell 所梦想的基于信息加工的统一的认知理论呢?换句话说,当我们试图用一个 ACT-R 模型或一个 LEABRA 模型来解释某个被试在完成某个认知任务的心理过程和表征时,哪一个模型更真实呢?

也许对此问题的一个正确回答来自于 George Box:"所有的模型都有毛病,但其中一些是有用的"。一个认知架构的有用性表现为它可以用一些通用的原则和规律来解释认知并可以指导我们去设计实验来验证其预测。Newell 曾提出 13 条标准来检验一个理论的有用性（Newell, 1990）:

(1) 作为环境的功能灵活地表现。
(2) 显示适应行为(能推理的,以目标为导向的)。
(3) 实时操作。
(4) 在丰富的复杂的和充满细节的环境中操作。
(5) 使用符号与抽象概念。
(6) 使用自然语言及人工语言。

(7) 从环境中学习以及从经验中学习。

(8) 通过发展获得能力。

(9) 在社会中自主地操作。

(10) 是自我觉知的和有自我的感觉。

(11) 像神经系统那样可实现的。

(12) 通过胚胎学的生长过程成为可构造的。

(13) 通过进化而发生。

最近，Anderson 和 Lebiere 把这些原则称为 Newell 检测，并系统性地比较了 ACT-R 和经典联结主义（如神经网络）理论在实现这些原则上的优劣（Anderson & Lebiere, 2003），承认两者各有优缺点。他们建议两者应被更紧密地结合起来，即 ACT-R 应该与联结主义更兼容；而联结主义应该更注重复杂的任务和符号处理。

结合的方法有两个：一个是建立混合系统（Sun, 2002; Sun & Alexandre, 1997）；但混合不同的理论系统显然并不能带来一个统一的系统。另一个是充分认识认知的复杂性和多层次性，并建立多层次的计算模型（Wang, Johnson & Zhang, 2003）。认知在不同层次可能有不同的表征，不同的操作，并遵循不同的规则，但每个层次对人类认知来讲都是真实的和全面的。这也是 Newell 强调统一的认知理论而不是认知的统一理论的一个原因。

本章介绍了计算机及其科学在心理学研究中的应用。我们首先介绍了计算机作为一种工具是如何帮助心理学实验研究的，对计算机的基本知识和心理学实验软件作了简单的描述；然后介绍了计算机作为一种理论和方法论是如何帮助心理学研究的。我们的重点是基于信息加工的心理学和计算机模拟；用例子简介了认知架构的概念和发展，并提出了一些问题。

在理解心理现象的计算模型时，我们必须注意的一个重要原则是，就像在任何其他科学中的模型一样，心理现象的计算模型（理想情况下应是一个可以在计算机上运行的计算机程序）只是对它所要模拟的心理现象提供一种更精确、更细致的基于计算的解释。虽然它绝不是最终的解释，但它是一个解释，而且是一个有据可依的和可以做预测的解释。用米勒的话来说，寻找这样的解释"仍然具有我不能抗拒的吸引力"（Miller, 2003）。

参 考 文 献

Anderson J R (1983). The Architecture of Cognition. MA, Cambridge: Harvard University Press

Anderson J R (1990). The Adaptive Character of Thought. NJ, Hillsdale: Lawrence Erlbaum Associates

Anderson J R (1993). Rules of the Mind. NJ, Hillsdale: Lawrence Erlbaum Associates

Anderson J R, Bothell D, et al (2004). An integrated theory of the mind. Psychological Review, 111(4): 1036~1060

Anderson J R & Lebiere C (1998). The Atomic Components of Thought. NJ, Hillsdale: Lawrence Erlbaum Press

Anderson J R & Lebiere C (2003). The Newell test for a theory of cognition. Behavioral and Brain Science, 26: 587~637

Atkinson R C & Shiffrin R M (1968). Human memory: a proposed system and its control processes. In: K Spence & J Spence (Eds), The psychology of learning and motivation (Vol 2, pp89~105). New York: Academic Press

Chomsky N (1965). Aspects of the Theory of Syntax. MA, Cambridge: MIT Press

Dreyfus H L (1992). What Computers Still Can't Do: A Critique of Artificial Intelligence. MA, Cambridge: The MIT Press

Fodor J A (2000). The Mind Doesn't Work That Way. MA, Cambridge: MIT Press

Grier D A (2005). When Computers Were Human. New York: Princeton University Press

Hertz J, Krogh A, & Palmer R G (1991). Introduction to the Theory of Neural Computation. CA Redwood City: Addison-Wesley

Hofstadter D R (1979). Godel, Escher, Bach: An Eternal Golden Braid. New York: Basic Books

Laird J E, Newell A, & Rosenbloom P S (1987). Soar: an architecture for general intelligence. Artificial Intelligence, 33(1): 1~64

Marr D (1982). Vision. San Francisco: Freeman

Meyer D E, & Kieras D E (1997a). A computational theory of executive cognitive processes and mutliple-task performance: Part 1 basic mechanism. Psychological Review, 104(1): 3~65

Meyer D E & Kieras D E (1997b). A computational theory of executive cognitive processes and mutliple-task performance: Part 2 accounts of psychological refractory-period phenomena. Psychological Review, 104(4): 749~791

Miller G A (2003). The cognitive revolution: a historical perspective. Trends in Cognitive Sciences, 7(3): 141~144

Minsky, M (1967). Computation: Finite and Infinite Machines. NJ, Englewood Cliffs: Prentice-Hall

Minsky M & Papert S A (1969). Perceptrons. MA, Cambridge: MIT Press

Newell A (1973). You can't play 20 questions with nature and win: projective comments on the papers of this symposium. In: W G Chase (Ed), Visual Information Processing. New York: Academic Press

Newell A (1980). Physical symbol systems. Cognitive Science, 4: 135~183

Newell A (1982). The knowledge level. Artificial Intelligence, 18: 87~127

Newell A (1990). Unified theories of cognition. MA, Cambridge: Harvard University Press

Newell A & Simon H A (1972). Human Problem Solving. NJ, Englewood Cliffs: Prentice-Hall

O'Reilly R C & Munakata Y (2000). Computational Explorations in Cognitive Neuroscience. MA, Cambridge: MIT Press

Penrose R (1989). The Emperor's New Mind: Concerning Computers, Minds, and the Laws of Physics. New York: Oxford University Press

Pinker S (1997). How the Mind Works. New York: W W Norton & Company

Posner M I, Walker J A, Friedrich F J, & Rafal R D (1984). Effects of parietal lobe injury on covert orienting of visual attention. Journal of Neuroscience, 4: 1863~1874

Pylyshyn Z W (1984). Computation and Cognition. MA, Cambridge: MIT Press

Qin Y, Sohn M-H, et al (2003). Predicting the practice effects on the blood oxygenation level-dependent (BOLD) function of fMRI in a symbolic manipulation task. Proc Natl Acad Sci U S A, 100: 4951~4956

Rosenblatt F (1958). The perceptron: a probabilistic model for information storage and organization in the brain. Psychological Review, 65: 386~408

Rosenbloom P S, Laird J E, & Newell A (1993). The Soar Papers: Readings on Integrated Intelligence. MA, Cambridge: MIT Press

Rumelhart D E, Hinton G E, & Williams R J (1986). Learning representatons by back-propagating errors. Nature, 323: 533~536

Schacter D L & Tulving E (1994). Memory Systems 1994. MA, Cambridge: MIT Press

Schneider W (1988). Micro Experimental Laboratory: an integrated system for IBM PC compatibles. Behavior Research Methods, Instruments, & Computers, 20(2): 206~217

Schneider W (1989). Enhancing a standard experimental delivery system (MEL) for advanced psychological experimentation. Behavior Research Methods, Instruments, & Computers, 21(2): 240~244

Segalowtz S J & Graves R E (1990). Suitability of the IBM, XT, AT and PS/2 keyboard, mouse, and game port as response devices in reaction time paradigms. Behavior Research Methods, Instruments, & Computers, 22, 283~289

Sohn M-H, Goode A, et al (2004). Behavioral equivalence, but not neural equivalence—neural evidence of alternative strategies in mathematical thinking. Nature Neuroscience, 7: 1193~1194

Strasburger H (1997a). Use of computers and cathode-ray-tube displays in visual psychophysics: Part I. Spatial Vision, 10(4): 301

Strasburger H (1997b). Use of computers and cathode-ray-tube displays in visual psychophysics: Part Ⅱ. Spatial Vision, 11(1): 1

Sun R (2002). Duality of the mind. NJ, Mahwah: Lawrence Erlbaum Associates

Sun R & Alexandre F (Eds) (1997). Connectionist-symbolic interaction: From unified to hybrid approaches. NJ, Mahwah: Lawrence Erlbaum Associates

Sutton R S (1988). Learning to predict by the method of temporal differences. Machine Learning, 3: 9~44

Sutton R S & Barto A G (1998). Reinforcement Learning: An introduction. MA, Cambridge: MIT Press

Thagard P (1996). Mind: Introduction to Cognitive Science. MA, Cambridge: MIT Press

Thagard P (1998). Mind readings: Introductory Selections on Cognitive Science. MA, Cambridge: MIT Press

Turing A M (1950). Computing machinery and intelligence. Mind, 59: 433~460

Wang H, Johnson T R, & Zhang J (2003). A multilevel approach to modeling human cognition. Behavioral and Brain Sciences, 26(5): 626~627

13

功能磁共振成像

现代用于脑成像的技术包括 X 射线计算断层成像（X-ray computed tomography, X-ray CT）、正电子发射断层成像（positron emission tomography, PET）、磁共振成像（magnetic resonance imaging, MRI），以及其他放射与光学成像的方法。其中 PET 和 MRI 常用于脑功能性成像以测量由于认知事件引起的脑的不同区域神经活动的变化。由于功能性磁共振成像（functional magnetic resonance imaging, fMRI)具有精确的空间定位精度（毫米级）、相对于 PET 快速的时间定位精度（秒级）以及无放射性和可多次使用，越来越多的认知神经科学研究使用它。如果把功能磁共振脑成像和毫秒级的事件诱发电位（event related potential, ERP）电极记录或脑磁图（magnetoencephalography, MEG）结合起来，我们就可以同时获得优越的空间及时间定位精度以研究认知活动的神经基础。

一、功能磁共振成像的基本原理及特性

（一）什么是磁共振成像

1. 磁共振成像的基本原理

磁共振成像，以前也称为核磁共振成像，是用于视觉化观察、探测有机体内部不同结构中的水结合量的检测手段。磁共振主要用于医学成像以检测病理和生理变化引起的活组织的改变。当把一个需要成像的物体置于一个均匀的强磁场（比如在一个静态磁场强度为 3 T(特[斯拉])磁共振成像扫描机）中，组织中的一些原子核的自旋会按顺磁场或逆磁场的方向（但有一定的角度）排列起来。核的磁偶极子转动惯量围绕轴向旋转。这个旋转频率称为拉莫尔（Larmor）频率。拉莫尔频率取决于磁场强度。在给被测组织施以短暂的垂直于磁场平面的射频电磁能量脉冲（radio frequency Pulse, RF 脉冲）后，引起组织中少量的一些原来排列好的氢核变成一种临时的非排列方向的高能状态。随着高能核的松弛和按磁场方向重排

列,这些核会以一定的速率放射能量。放射能量的速率等信息反映出所测组织的环境特性,比如脑的灰质或白质密度。为了对一个特定的立体像素进行成像(比如一个 1 mm×1 mm×1 mm 立方体的脑组织),我们还需要使用相互正交的 $Oxyz$ 梯度磁场对二维或三维扫描空间进行编码。我们用离散傅里叶变换来处理所得的空间频率信息以最终构造图像。

2. 磁共振成像扫描机

磁共振成像扫描机主要由强静态磁场(比如 3 T 的磁场)、射频线圈、梯度线圈以及计算机软硬件组成。大多数的强静态磁场是由电磁线圈以电磁机制产生的。射频线圈有双重功能:用于发射电磁能量脉冲以及接受共振频率范围内的无线频率信号。梯度线圈产生的有梯度的相对弱的磁场使得磁共振信号与空间位置相关,因此我们可以测量不同空间位置的磁共振信号。计算机软件和硬件(通常由几台计算机组成)用于产生需要输送到相关硬件的脉冲序列,协调控制磁共振成像扫描机的一系列指令,数字化,图像重构以及显示磁共振图像。其他的设备还包括脉冲放大器及冷却系统等。

(二) 什么是功能磁共振成像

1. 血氧水平相关信号

在脑功能磁共振成像中,我们用血氧水平依赖信号(blood oxygen level dependent signal,BOLD 信号)作为神经活动的非直接的间接测量。血液中的氧合血红蛋白(oxyhemoglobin)的升高,也称为血氧水平依赖反应(BOLD response),是我们在脑功能性磁共振成像中所要测量的。血流动力变化(hemodynamic change)也被称为相对的激活(activation)。认知过程所引起的神经活动导致大脑某些区域的细胞的代谢增强,从而进一步引起局部的脑血流量(regional cerebral blood flow, rCBF)增加,过度补偿代谢活动。因此,在增加活动的脑组织中氧合血红蛋白所占的比率要高于基线状态下的水平。氧合血红蛋白具有反磁性(diamagnetic),而脱氧血红蛋白(deoxyhemoglobin)具有顺磁性(paramagnetic)。在磁场出现的情况下,顺磁性物质受到磁化而变成一个小"磁铁"。这个小磁铁引起磁场的不均匀因而使得信号产生相位差。相反,相对于激活前,由于在激活的脑区中氧化的血液增加,结果是顺磁性物质的净量减少。这使得磁场更均匀、由相位差引起的信号损失减少,从而使我们能从激活的脑区中获得更较强的信号。2005 年发表在《科学》杂志的一篇文章证明了神经元放电、局域场电势以及 fMRI 的 BOLD 信号之间的紧密关系(Mukamel, et al, 2005)。2006 年发表在《自然》杂志的一项 fMRI 与电生理指标同时记录的研究更表明,一个负向的 BOLD 反应信号与局部的神经活动降低相关(Shmuel, Augath, Oeltermann, & Logothetis, 2006)。这种负向的 BOLD 反应还伴随着其他临近脑区的正向的 BOLD 反应。

2. 空间特性

脑功能磁共振成像的空间解析度主要取决于观察域(field of view，FOV)、矩阵大小(matrix size)、切片厚度(slice thickness)和切片数(slice number)。例如，我们观察一个 240 mm×240 mm 的正方形切片。如果用一个 64×64 矩阵，那么每一个像素的面积为 3.75 mm×3.75 mm。扫描的切片数取决于所要覆盖的脑区的大小。如果要覆盖全脑，以 4 mm 为切片厚度，成人大约需要 30～40 个切片。我们在脑功能磁共振成像中通常使用这几个参数，例如 FOV＝240mm，matrix size＝256×256，slice thickness＝1mm，slice number＝160，在脑结构磁共振成像中通常使用更高的空间解析度。

3. 时间特性

脑功能磁共振成像的时间解析度主要取决于血流动力反应函数(hemodynamic response function，HRF)(见图 13.1)。通常我们 2～3 s(repetition time，TR，重复时间)采集一卷全脑的图像。尽管这个速度不是很快，但血流动力反应较之更慢。例如，当我们给被试呈现一幅恐惧情绪表情的图片时，脑的某些与情绪相关的区域(比如杏仁核)的 BOLD 信号开始从基线上升，直到大约在第 6 s 时达到最大值，然后 BOLD 信号开始下降，在大约第 12 s 时回到基线。在随后的大约第 12～24 s 中，BOLD 信号继续下降到略低于基线的水平再回到基线。尽管血流动力反应与实验的材料以及脑的不同区域有关，但速度不会太快。相对于我们认知加工的速度(通常短于 1 s 或更短)，这个血流动力反应速度实在是太慢了。因此，这对于我们脑功能磁共振成像实验的设计是一个挑战。

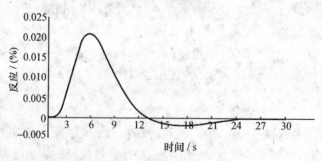

图 13.1　血流动力反应函数

(三) 研究问题

认知神经科学研究不仅需要技术支持，而且非常需要对研究的问题系统的思考。早期使用脑功能成像的研究集中在某些脑区的激活上。现在，理论模型和从系统的角度来研究脑功能显得越来越重要了。有些研究问题缺少理论框架及对脑功能的整体的思考，比如，假设提出用脑功能成像来比较不同被试组之间在下象棋、解决物理问题或选择苹果时有哪些脑区激活。这样的研究问题缺乏理论高度。我们应该认真考虑的是如何去理解人的行为的认知神经机制。脑功能成像研究与行为实验的不同之处在于脑功能成像研究的研究对象是系统神经科学。我们应从网络和系统的角度，而不是从孤立的脑区，来思考和研究我们的问题。

（四）实验设计

脑功能成像实验的自变量是我们所操作的任务引起的行为或认知加工过程的变化。相应的因变量是脑的某一区域、某一网络或某一系统由于自变量所引起的激活（activation）或去激活（deactivation）。这种激活反映在 BOLD 信号的上升，而去激活反映在 BOLD 信号的下降。由于脑无时无刻都在活动，如果我们想要测量某一认知加工所引起的脑加工过程的变化，最常用的实验设计是采用减法反应方法。也就是说，我们先定义一个基础的认知活动，然后再定义一个以此为基础的附加的活动。例如，我们要研究 Stroop 效应所引起的对冲突解决的脑加工过程的变化，可定义一个无冲突的一致的实验条件，比如用与"红"、"绿"、"蓝"、"黄"字对应的颜色分别显示。我们还可再定义一个有冲突的实验条件，比如用黄色显示的"红"字，用红色显示的"绿"字，用绿色显示的"蓝"字以及用蓝色显示的"黄"字。这两个条件都引起视觉及相关认知加工（如阅读）的参与。这两个实验条件下所引起的脑活动的对比（contrast）通常被称为所谓的"激活"。在这个例子中，我们可用有冲突的实验条件所引起的脑活动减去无冲突的一致的实验条件引起的脑活动，而得到由于解决冲突所引起的额外的脑的神经活动。当然，这种减法是基于一个假设的线性叠加的条件。

由于慢速的血流动力反应的限制，脑功能成像实验的设计和行为实验的设计有所不同。前者主要的实验设计包括两大类：组块设计（block design）和事件相关设计（event-related design）。

1. 组块设计

组块设计是把相同的条件、事件或试验[①]放到一个组块中，或者参量性地操作每一个组块的特性。每一个组块在时间上大约持续 30 s。组块之间是所谓的休息或者基线条件组块，同样也大约持续 30 s。在组块实验设计中，基线条件不应该省略。基线条件组块有两种功能：定义一个统计分析模型的参照点及校正 fMRI 信号的漂移。在统计分析中，基线条件可作为一个缺省的条件。

[①] 在此，"试验"这个概念是指一次测试而不是一整个"实验"。

最简单的组块设计是"开"(on)和"关"(off)实验设计。例如,我们在开始的前30 s中不显示任何刺激(off),在接下来的30 s中显示刺激(on),然后再在30 s中不显示任何刺激(off),可重复这种"开"和"关"交替进行。又例如,研究冲突条件所引起的认知加工及相应的脑功能的变化,也可以采用组块设计。我们可以把冲突色词放到一个组块中,把无冲突的色词放到另一个组块中,再加上一个基线组块。每一种色词组块中都含有 10 个色词。每 3 s 呈现一个色词。这三种条件的呈现可采用类似于拉丁方顺序共呈现 $9(3^2=9)$ 个组块。图 13.2 (A)是一个组块设计的例子。

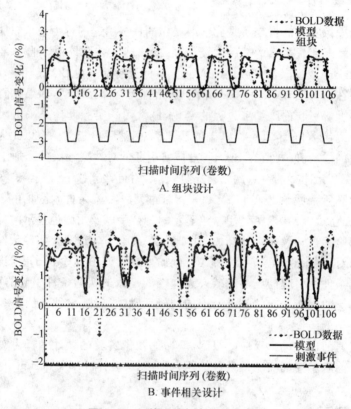

图 13.2　组块设计与事件相关设计

　　组块设计(A)中扫描的重复时间是 4 s,"开"的时间为 32 s,"关"的时间为 16 s(见组块方波)。事件设计(B)中扫描的重复时间是 2.5 s。对应于每一个扫描卷的开始,80%的情况下会出现一个短暂的视觉刺激(见刺激事件标记),20%的情况下是一个虚无刺激(也就是不呈现任何刺激)。BOLD 数据的每一个菱形点表示一个扫描数据采集点。

　　早期的 fMRI 研究较多采用组块设计。组块设计具有高探测效率(detection power)来测量脑功活动的幅度;但是,不能用于估计特定认知任务所引起的血流动力反应曲线的特性。在认知神经科学实验中,有些实验是不能把所有相同的试验放到一块的。例如,呈现一个色词 3 s 就是一个试验。如果我们用提示线索-靶(cue-target)模式来研究空间注意。被试先看到线索,然后再看到靶,最后对靶进行反应。这种线索提示多数情况(80%)下是正确的,也就是线索和靶的空间位置一致。但是在少数情况(20%)下是错误的,也就是线索和靶的空间位置相反。在这种不一致的小概率事件下,被试需要"摆脱"线索的错误影响而对靶刺激进行快速准确的反应。如果我们采用组块设计,也就是把所有的正确线索的试验集中到一个组块中,并把所有的错误线索的试验集中到另一个组块,当被试完成第一个错误线索的试验后,就可以预测到下一个试验会是同样的。因而,这个实验的性质就从研究空间注意变成了研究学习的任务转换。例如,你可能已经对上面组块设计的 Stroop 实验产生了疑问。如果我们把所有的冲突色词放到一个组块中,被试有可能采用某种策略来抑制冲突反应。所以,有些认知实验不适于采用组块设计而需要采用事件相关设计。

2. 事件相关设计

事件相关设计锁定感觉或认知加工事件与血流动力反应的关系。例如,在上面的例子中,如果我们按(0.80, 0.20)的概率随机进行这种正确线索和错误线索的试验。呈现顺序、线索性质(正确,错误)和呈现的起始及结束时间可以预先确定,或者在线纪录下来。在统计分析时,我们可以分析和比较不同线索条件下的血流动力反应。单独试验设计(single trial design)是事件相关设计的一个特例。在这种设计中,每一个试验都在呈现一个刺激后间隔相当长的时间(例如 24 s),以便测量整个血流动力反应过程。因而,单独试验设计的事件相关设计具有高的估计效率(estimation efficiency)来估计血流动力反应。但是,由于每一个试验都要持续相当长的时间,在一个固定的时间内(比如 30 min),就不能有很多的试验。因而,探测效率(detection power)减低。

为了缩短整个实验所需的时间,我们可以把每一个试验(事件)所持续的时间缩短到 2～4 s 或更短。但是,由于血流动力反应整个过程的时间远远长于一个单独的试验,遗留效应(carry-over effect)会影响到对下一个试验的血流动力反应的测量,因而降低估计效率。这种解决办法的前提假设是我们对血流动力反应过程不感兴趣。另外,我们需要像用拉丁方一样平衡整个实验的呈现顺序,以达到所有事件出现在某一种事件前后的概率相同。这样不但可平衡这种遗留效应的影响,还可保证我们可使用选择平均(selective average)的方法来分析数据。我们也可以把大部分的试验时间或间隔缩短(比如变成 6～12 s),而只保留少数的长的试验(比如 12～24 s)。因此,每个试验的平均长度缩短。在特定的实验时间内可进行更多的试验。这种方法称为变化长度设计(jittered design),其前提假设是血流动力反应尾部相对稳定因而不需要太多的试验来测量。我们还可以采用组块设计与事件相关设计的混合设计以达到折中的相对优化的估计效率和探测效率。图 13.2(B)是一个事件相关设计的例子,这里采用了虚无刺激。

(五) 图像采集

如果进行功能性磁共振成像实验,除了需要一台磁共振成像扫描系统(见图 13.3),我们还需要一套实验控制系统。这套系统主要包括一台或多台计算机,心理实验软件及程序,刺激呈现设备(例如 LCD 投影仪),被试反应采集设备(例如由光导纤维连接的反应键)。这套系统需要与磁共振成像扫描机同步,即当磁共振成像扫描机开始扫描时,输出一个脉冲或数字信号给这套实验控制系统以触发实验的开始。

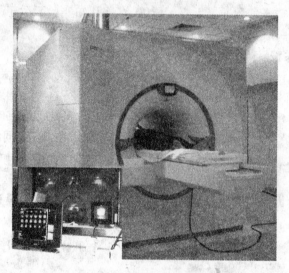

图 13.3　中国科学院生物物理研究所认知科学重点实验室的
3 T 磁共振成像系统
图片中没有显示认知实验控制系统

1. 安全准则

至今还没有证据表明强磁场及符合安全指标的磁共振扫描会对伤害人体。但是,由于磁共振成像系统有强磁场,任何顺磁的金属都可被以极快的速度和极大的冲量吸进这个强磁场;严重的情况下被吸进的金属物体会击中被试而引起伤亡事故。因此,系统操作人员和实验主试应明确所有与安全有关的规定,确保所有参加实验的人员和被试的安全,在进入扫描室之前要严格检查所有实验人员及被试是否携带任何金属物体(即使不打算进入扫描室,也应该将所携带的金属及磁卡之类的物品存放起来),以便在紧急情况下进入扫描室时不至于慌乱之中将这些东西带入。在被试参加实验之前,应对其进行审查以发现被试身上是否有不可移除的金属物体;如果有的话,一般情况下应拒绝接纳这位被试。适合参加实验的被试应在知情同意书上签字。

2. 图像扫描

由于被试的头动会对扫描图像产生空间像素的移动及模糊图像的影响,使得这些扫描的图像不能使用而造成人力物力的浪费,所以操作人员和实验主试应该提醒被试本人在整个实验中尽可能地避免头动;还可采用其他办法来控制头动,如用海绵垫填充头与头线圈之间的空间。在正式开始扫描之前,应确认反应采集系统无误以及对被试进行短暂的任务训练。

图像采集的过程包括:① 定位图像的扫描。定位图像扫描的目的是为精确神经解剖定位提供图像。通常定位图像只扫描几个切面。参照这组图像,可以确定下一步扫描的位置。扫描的方向主要有三种:轴向切面、矢状切面及冠状切面。② 结构图像的扫描。根据定位图像可以找到参照点来确定扫描的每一个二维平面切片在三维空间的位置。如果采用轴向切面,多数会以脑的前联合点及后联合点(AC-PC)所定义的平面为参照。根据这个参照平面,可以确定其他与之平行的几十个切面的位置以覆盖全脑。每个切片的厚度通常是在 $3\sim 5$ mm 之间。结构图像采用的是对脑的灰质及白质反差敏感的扫描指令序列,如 T1 或 T2 序列。每个切片的像素为 256×256 矩阵。③ 功能图像扫描。功能图像扫描的位置及切面数量通常和上述的结构图像相同。结构图像通常只扫描一卷,只需要几分钟。而功能图像扫描的总时间则要与实验任务的时间长度相同,取决于任务的长短,我们通常扫描几百卷功能图像。每一卷图像的扫描需要几秒的重复时间(TR)(如 $1\sim 3$ s),其长短取决于扫描的空间分辨率及扫描的切片的数量。每个切片的像素可为 64×64 矩阵。功能图像采用的是对 BOLD 信号敏感的 EPI 序列,也称之为 $T2^*$ 序列。如果要进一步理解这些序列,可阅读相关的参考书(Hashemi, et al, 2004)。④ 高分辨率结构图像扫描。我们通常用 T1 序列来扫描上百个切片。每个切片的像素为 256×256 矩阵,厚度可以是 1 mm。高分辨率结构图像的扫描大约需要 10 分钟。

我们在后面讲解图像分析时会进一步介绍如何使用这些扫描图像。

3. 常用术语

如果你阅读 fMRI 相关文献,就会发现有一些专用术语。我们已经介绍了组块设计、事件相关设计以及其他与设计和数据采集的术语。在数据采集中,还常提到"段"(session)。被试每进一次扫描机就是一段。在 fMRI 实验中,每一"段"通常包括前面所提到的结构和功能图像的扫描。在每一段的功能图像扫描中通常包括几个更小的时间段。例如,每个时间段持续4～10 min。在每个时间段内同步启动扫描机和实验任务。这样的小时间段称为一个"运转"(run)。在每个运转中,扫描几十或几百卷全脑图像。一套构成一个三维图像的包括多个切片的图像称为"卷"。这几十或几百卷有时间顺序关系全脑图像称为一个时间序列。由于在一个时间序列中的前几卷图像还没有达到稳定的状态,所以扫描机、扫描序列或我们在数据分析中会故意丢弃前几卷图像。在实验设计及数据分析时需要注意这个问题。

(六) 图像分析

我们可以使用一些软件系统来对图像进行预处理及对一个实验进行统计分析。最常用的免费软件是 SPM (statistical parametric mapping)[①]。在 fMRI 的数据分析中,尽管 SPM 需要有对数据矩阵进行操作的 MATLAB 来支持,但它就像我们所用的微软 Windows 操作系统一样受欢迎。其实,所有的分析软件都包括我们下面介绍的这些步骤。使用什么软件取决于我们的个人喜好以及软件的功能。

1. 图像预处理

图像的预处理包括切片采集时间校正(slice acquisition timing correction),头动校正(head motion correction),结构-功能图像对齐(coregistration),空间位置标准化(spatial normalization)以及空间过滤(spatial filtering)。

(1) 时间校正。由于每采集一卷图像需要几秒,所有的切片并不是在同一时间采集到的。例如重复时间是 2 s 以及每一卷图像包括 20 个切片,那么采集每一个切片需要 0.1 s。第一个切片的采集是 0～0.1 s,第二个切片的采集是 0.1～0.2 s。以此类推,第 20 个切片的采集是 1.9～2.0 s。因此,每一个切片采集的时间对应于加工任务的不同时间点。我们需要用 Sinc 数据内插算法来对整个时间序列的图像进行时间校正。校正之后,每一卷内的所有的切片都对应同一个时间点,使得我们更容易进行统计模拟。

(2) 头动校正。尽管采取多种可能的措施并且提醒被试不要移动,但轻微的(比如小于 2 mm)头动是很难避免的。如果不对一个运转的时间序列图像进行头动校正,那么某一图像点所对应的脑的解剖位置就会不同。头动校正通常先把除了第一卷图像之外的一个时间序列的所有图像都通过匹配算法刚性旋转到第一卷图像的位置,然后用内插算法来重新对每个像素取样。

(3) 结构-功能图像对齐。这一步是把整个序列的功能图像与结构图像对应

[①] http://en.wikipedia.org/wiki/Statistical_parametric_mapping

到相同的位置。其目的是为了下一步用相对高分辨率的结构图像所提供的信息对功能像的空间位置进行标准化。

(4) 空间位置标准化。每一位被试的大脑形态都不尽相同。如果要对一组被试进行组分析,需要把这组被试通过线性或非线性的方法匹配到一个标准的模板上(例如最常用的 MNI 模板,这个模板是把 305 个人脑 MRI 图像进行平均而得到的)。通常先对高分辨率的结构图像进行标准化,然后以此为参数再对功能图像进行标准化。在空间位置标准化之后,还可对功能图像重新取样以使像素变小,如 2 mm×2 mm×2 mm。

(5) 空间滤波。对空间位置标准化并不能十分完美,因为被试之间有脑结构差异,例如白质错位到灰质。这个错位所引起的信号的变化远大于由于认知任务引起的 BOLD 信号的变化。为增加信噪比,可对功能像进行空间滤波,例如可使用半波高全宽度(full-width-at-half-maximum,FWHM)为 8 mm×8 mm×8 mm 的高斯函数来进行三维的空间滤波。FWHM 一般是用两倍的原始功能像的分辨率,滤波后的图像会变得更模糊。在一般线性模型(general linear modeling,GLM)的估算之前,通常我们还会对时间序列进行滤波,以排除扫描系统的慢速信号漂移以及高频的尖峰信号所造成的影响。

2. 统计分析

统计分析通常包括两个步骤:对单个被试的一般线性模型分析及根据整个实验样本对总体进行统计推论。

(1) 统计模拟。在完成了预处理之后,可对观察到的单一被试的与事件相关的 BOLD 信号建立一个一般线性模型。在这个模型中,把所采集到一个时间序列的图像(BOLD 信号)作为因变量(如要理解这个概念,可见图 13.2 中的 BOLD 信号曲线)。自变量,也就是一般线性模型的回归参数,是我们假设的由于实验操作所引起的 BOLD 信号变化。为了构造这些自变量,首先需要根据实验记录找到每一种条件的所有试验的起始时间点和持续时间;通常把一段几百毫秒以内的持续时间忽略为零。在一个事件相关的 Stroop 实验中,有两种实验条件:一致或冲突,随机呈现。例如,在一个时间序列(运转)中,对被试呈现了多个一致色词和多个冲突色词。所有的一致色词呈现的时间点就构成了这个一致条件的矢量;而所有的冲突色词所呈现的时间点就构成了这个冲突条件的矢量。把这两个矢量分别与血流动力反应函数进行卷积,可得到两个假设的由于两种实验条件所引起的脑的 BOLD 信号变化。如要理解这个概念,可见图 13.2 中的模型曲线。这就是一般线性模型中的自变量。在这里,我们假定血流动力反应函数已知而且在所有的脑区都一样(当然这种假设不一定成立。可用选择平均的方法避免这种假设)。有时还会把头动校正的 6 个参数作为协变量放入这个模型,以排除由于头动引起的假"激活"。

在构造了一般线性模型之后,可对其进行估算。一般线性模型是三维图像中的所有像素的模型,如果在三维某一点或某一群点上,回归系数统计上显著区别于零,就表明在这一点或一群点上实验的操作与脑的 BOLD 信号变化显著相关,也就是我们所谓的"激活"(相关系数大于零)或"去激活"(相关系数小于零)。此外,还可把两个系数进行对比,如用冲突的系数减去一致的系数,得到新的参数估计值,构成一个新的三维的参数估计图像。把从每一个被试得到的参数估计值作为组分析(或称第二水平组分析)的输入值。

(2) 群体分析。如果要从一个样本(一组被试)来推论一个总体,需要采用随机效应模型(random effect model)对由一阶分析(first-level analysis)得到的被试个体的参数进行二阶(或高阶)分析(second-level/higher-level analysis)。例如,我们对 16 个被试的冲突减一致条件的参数估计图像进行 t 检验。在这里,检验的是所有的立体像素。如果一群相连的像素都超过阈限值,就表明这群像素所对应的脑区与某一任务操作或认知加工过程(如冲突的解决)有关。对三维图像的统计检验需要高度(t 值得大小)与广度(相连像素群的像素数量)两种阈限,如 $t(15) > 2.60$ 或 $p < 0.005$ 及相连像素群的像素数量多于 85(重新取样后,每一个像素为 $2mm \times 2mm \times 2mm$)。关于阈限的计算方法(如随机域和蒙特卡罗模拟方法)以及对重复比较的校正,可参考有关文献。最后,我们把所有超过阈限值的像素群的最高点的 t 值、所含像素数量及坐标值列入表中;可把激活的区域的坐标值从 MNI 空间转换到 Talairach 空间;再对每一个激活的脑区命名及定义 Brodmann 区。采用上面所提到的阈限组合,这个 t 值图像中的超过阈限值的像素可被用来投射到一个高分辨率的结构图像上。这就是我们常看到的"激活"。

其他的更进一步的分析方法包括对功能性连接及功效连接的分析。功能性连接(functional connectivity)操作定义为脑区之间的简单的相关。功效连接(effective connectivity)定义为一个脑区或神经系统对另一个脑区或神经系统产生影响。动态因果模型(dynamic causal model, DCM)可用于功效连接分析。

二、功能磁共振成像的应用

功能磁共振成像技术已经被应用到了非常多的领域中,例如,运动控制、知觉加工中的视觉、听觉、多种感觉通道的加工、低级与高级视觉、肢体感觉,注意加工中的视觉与听觉注意,高级认知中的执行功能及障碍、数字加工、问题解决,情绪,语言加工中的词与语意加工、句法,记忆中的记忆系统、工作记忆及记忆障碍,认知与脑的发展,社会认知。脑功能成像的另外一个最广泛的应用的领域是精神疾病研究,例如,注意缺陷及多动症(Schulz, et al, 2004)、自闭症、抑郁、强迫症、精神分裂症、创伤后应激障碍、药物滥用及药物治疗精神障碍致使的脑功能变化。我们在此仅仅列出 fMRI 在几个研究领域应用的例子,以说明如何应用。其他的领域可以跟踪研究文献。

(一) 注意研究

注意可以定义为一系列大脑组织的活动。这些活动使得某个特定脑神经网络的加工得以优先进行,使其优先进入意识状态或者优先输出其活动的结果。作为思维、情绪和行为活动的自主控制基础,注意普遍地存在于所有的认知活动中,对高级认知功能的发展起着重要的作用。我们提出注意具有三个典型的功能的理论:预警(alerting)(达到并且保持一种警惕和提防的状态)、定向(orienting)(对感觉信息进行选择)和执行控制(executive control)(对可能存在的冲突反应进行监控和解析)。与这三种功能相对应,在脑中存在三个在功能上和解剖上相互独立的大脑神经网络系统,它们分别是预警系统、定向系统和执行控制系统。预警系统涉及丘脑、额叶、顶叶以及源于脑干的皮层去甲肾上腺素投射系统;定向系统涉及颞顶联合区、顶叶、额叶以及起源于前脑基部的胆碱能系统;执行控制系统则涉及扣带前回、外侧额叶以及和多巴胺系统有关的区域。

我们从认知心理学、脑成像、神经心理学、行为遗传学以及发展心理学等多种角度,较为系统地研究了人类注意现象的认知成分、发展规律、脑神经基础以及行为遗传学基础,用广泛的跨领域的研究证据,证明了:① 注意并非仅仅是一种伴随其他心理与认知过程发生的非特异的脑认知活动的组合,具有独立的认知神经机制;② 注意并非一种单一维度的心理现象,至少包含三个相对独立的子系统:预警系统、定向系统和执行控制系统,每个系统具有各自相对应的脑认知基础,并且在行为水平、遗传水平、脑系统水平以及发展心理学水平可以相互分离。我们发展了一套注意系统测验实验范式(attentional network test, ANT)(见图 13.4)。ANT 可同时测量三个注意子系统的效率以及它们之间的相互关系。我们用磁共振脑功能成像研究了参与三个注意系统的大脑区域(见图 13.5,彩图 1)。与预警系统相关的事件引起了丘脑、额叶和顶叶的激活;与定向系统相关的事件引起了顶叶和额叶的激活;与执行控制系统相关的事件则激活了前扣带回以及其他脑区的活动,从而为三重注意系统的划分提供了认知神经科学方面的依据(Fan, McCandliss, et al, 2005)。这项研究采用的是事件相关 fMRI。在此,我们所称之为的激活都是两种实验条件或水平之间的比较。比如,警觉活动是中央线索条件减去无线索条件,定向是空间线索条件减去中央线索条件,执行控制是冲突条件减去一致条件。

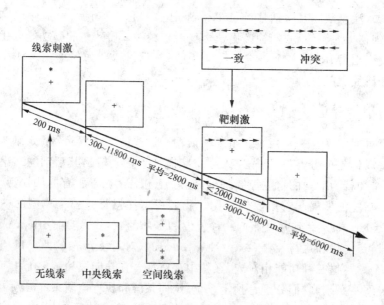

图 13.4 注意的网络实验设计示意图

被试的任务是快速准确地对靶刺激的中央箭头的方向(左或右)进行按键反应。线索因素包括三种水平:无线索、中央线索及空间线索;靶因素包括两种水平:两侧与靶一致,两侧与靶冲突。注视"＋"字一直呈现在屏幕中央。靶及两侧刺激呈现在注视点的上方或下方,各为 0.50 概率。这是我们首先发展的双变化长度设计,也就是线索刺激与靶刺激之间的间隔(inter-stimulus interval, ISI)的时间长度变化以及靶刺激与下一个试验(inter-trial interval, ITI)开始(即下一个线索)间隔的时间长度变化。

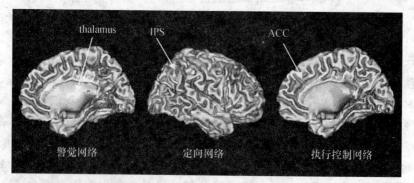

图 13.5 注意的三个网络及在注意的加工过程中相应脑区的激活

图中只标出了警觉网络中的丘脑(thalamus)、定向网络中的头顶间沟(intraparietal sulcus, IPS),以及执行控制网络中的前扣带回(anterior cingulate cortex, ACC)这几个重要节点。红色及橙色表示相对升高的神经活动("激活"),而蓝色及浅蓝色表示活动的相对减低(见彩图 1)。

(二) 情绪研究

理解情绪加工过程及调控的神经基础,对于把基础研究转化到临床治疗情绪失调而引起的精神症状非常重要。情绪的调控被定义为通过外部的和内在的监测、评估以及调整,达到对情绪反应的控制的目的。很多fMRI实验采用已有的行为或生理学研究范式研究了与情绪加工处理及调控相关的脑活动。这些范式包括恐惧条件化、情绪Stroop实验,注意对恐吓的调制及通过重新评估而对情绪的自主操控。前额中叶皮质,其中包括腹侧前额叶、前扣带回以及前额叶前部被发现与情绪的调控有关。基底外侧杏仁核与额前腹中皮质(ventromedial prefrontal cortex, vmPFC)有密集的连接。动物研究也表明,损伤额前腹中皮质会造成动物不能抑制杏仁核的反应。同样,这个神经回路也负责人的情绪调控。fMRI也被用来研究这种脑区之间的功能性连接与抑制。

(三) 学习与记忆研究

对记忆的神经机制的研究可以从记忆的不同的分类来着手:记忆过程,如编码与提取;记忆的时间长短,如工作记忆与长时记忆;记忆的特性,如内隐与外显记忆;其实还可继续分下去,如外显记忆又可分情景记忆与语义记忆、情景记忆又可包括项目与关系记忆。因此,由于记忆系统的复杂性,不同的对记忆的认知神经科学研究侧重于某一方面以及相应的脑结构与功能。例如,工作记忆的重点研究对象是背外侧前额叶(dorsolateral prefrontal cortex, DLPFC),而关系记忆的研究对象则是海马(hippocampus)及相关结构。我们研究了外显记忆中的项目(或称为事实)与关系(或称为来源)的编码与提取以及这两者之间的交互作用(Fan, Snodgrass, & Bilder, 2003)。这项研究采用的是图片材料作为项目。在编码阶段这些图片与不同的背景颜色联系起来作为关系。在提取阶段我们测验了对项目的再认以及对关系的回忆。这个实验采用的是典型的组块设计,分为编码与提取组块。我们发现当提取关系而不是提取项目时,左前额叶有更强的激活。对关系提取的正确与否是与海马旁回的激活有关。罗劲等人发现相对于对遥远的记忆的提取,近期的记忆提取更强地激活海马旁回(Niki & Luo, 2002)。这项研究采用的也是组块设计。姜杨等人采用事件相关设计研究了工作记忆(Jiang, Haxby, et al, 2000)。

(四) 社会认知神经科学研究

文化影响自我概念是社会心理学中一个极其重要的课题。文化可能会影响我们的社会认知加工方式,进而反映到我们的神经加工过程。张力、朱滢等人对这一问题进行了研究(Zhang, et al, 2006)。具体的研究是从中国文化影响自我概念的角度(集体主义自我包含母亲成分)探索这一问题。前人的行为实验证明,在西方文化中,自我参照的回忆成绩优于其他形式的语义加工(如母亲参照、他人参照和一般语义加工的回忆成绩)。然而,我们的行为研究发现,中国人母亲参照与自我参照无论在记忆成绩上,还是在自我觉知的程度上都非常类似。在 fMRI 研究中,中国人被试在三种条件下(自我、他人和语义加工)对描述人格的形容词进行判断;我们还用母亲参照代替他人参照(自我、母亲和语义加工)。结果表明,当和他人或语义比较时,自我参照激活了内侧前额叶和扣带回;但是,当和母亲比较时,内侧前额叶活动消失,提示母亲参照也激活了内侧前额叶。这样,中国人在对母亲和自我这两个概念的神经加工过程中都需要内侧前额叶的参与。进一步研究表明,中国人的内侧前额叶既表征自我也表征母亲,但西方人的只表征自我(见彩图 2)。这种用认知神经科学的方法来研究社会认知问题的新的领域被称之为社会认知神经科学（social cognitive neuroscience）。

（五）未来的发展

由于篇幅及作者的研究范围的限制,不可能概括和总结所有的即使某一个 fMRI 的应用领域。但是,我们最后需要提及一个最新发展的领域,那就是脑的遗传成像(imaging genetics)。最早发表的研究是对 5-羟色胺转运体(5-HTT)基因的变异与人脑的杏仁核反应的联系的基因与功能成像的研究(Hariri, et al, 2002)。这个研究证明了遗传变异与作为情绪行为基础的有关的脑区的对情绪的反应有关。范津等人也较早开始了在这个领域中的系统的有策略的研究。首先根据注意网络理论发展了测试注意的认知任务(Fan, McCandliss, et al, 2002),范津、吴艳红等人然后进行了行为遗传学研究:通过双胞胎的研究证明了注意的执行控制子系统具有极高的遗传性(Fan, Wu, Fossella, & Posner, 2001);通过行为与遗传研究发现几个候选的与多巴胺有关的基因与执行控制子系统的效率有关(Fossella, et al, 2002)。在此基础上,用脑功能成像的方法来试图绘制这些基因的变化所引起的脑功的执行控制网络的差异(Fan & Fossella, et al, 2003)。初步的结果表明某些多巴胺基因的变异与前扣带回皮质的由执行控制引起的活动的差异有关。

在本章中只介绍了 fMRI。其实可以把多种磁共振成像的技术结合起来,例如,结构成像、弥散张量成像(diffusion tensor imaging, DTI)以及磁共振波谱(magnetic resonance spectroscopy, MRS)。在一个整合的研究中,可用功能成像来测量由于任务或认知加工所引起的 BOLD 信号的变化,用结构成像来对形态进行测定,用弥散张量成像来定量分析神经网络之间的纤维连接,以及用磁共振波谱来测量脑的内在的神经化学物质。前文中也提到了用 ERP 或 MEG 来测量快速的认知神经加工过程。这种整合的研究方法有助于我们加深对脑这个最复杂的系统的理解。

参 考 文 献

Fan J & Fossella J, et al (2003). Mapping the genetic variation of executive attention onto brain activity. Proc Natl Acad Sci U S A, 100(12): 7406~7411

Fan J & McCandliss B D, et al (2005). The activation of attentional networks. Neuroimage, 26(2): 471~479

Fan J & McCandliss B D, et al (2002). Testing the efficiency and independence of attentional networks. J. Cogn. Neurosci, 14(3): 340~347

Fan J, Snodgrass J G, & Bilder R M (2003). Functional magnetic resonance imaging of source versus item memory. Neuroreport, 14(17): 2275~2281

Fan J, Wu Y, Fossella J A, & Posner M I (2001). Assessing the heritability of attentional networks. BMC Neurosci, 2(1): 14

Fossella J, Sommer T, & Fan J, et al (2002). Assessing the molecular genetics of attention networks. BMC Neurosci, 3(1): 14

Han S, Jiang Y, & Humphreys G W, et al (2005). Distinct neural substrates for the perception of real and virtual visual worlds. Neuroimage, 24(3): 928~935

Jiang Y, Haxby J V, & Martin A, et al (2000). Complementary neural mechanisms for tracking items in human working memory. Science, 287(5453): 643~646

Liu J, Harris A, & Kanwisher N (2002). Stages of processing in face perception: an MEG study. Nat Neurosci, 5(9): 910~916

Mai X Q, Luo J, & Wu J H, et al (2004). "Aha!" effects in a guessing riddle task: an event-related potential study. Hum Brain Mapp, 22(4): 261~270

Mukamel R, et al (2005). Coupling between neuronal firing, field potentials, and fMRI in human auditory cortex. Science, 309(5736): 951~954

Schulz K P, Fan J, & Tang C Y, et al (2004). Response inhibition in adolescents diagnosed with attention deficit hyperactivity disorder during childhood: an event-related fMRI study. Am J Psychiatry, 161(9): 1650~1657

Shmuel A, Augath M, & Oeltermann A, et al (2006). Negative functional MRI response correlates with decreases in neuronal activity in monkey visual area V1 Nat. Neurosci, 9(4): 569~577

Xue G, Dong Q, & Jin Z, et al (2004). An fMRI study with semantic access in low proficiency second language learners. Neuroreport, 15(5): 791~796

Zhang L, Zhou T, & Zhang J, et al (2006). In search of the Chinese self: an fMRI study. Sci China C: Life Sci, 49(1): 89~96

Zhuo Y, Zhou T G, & Rao H Y, et al (2003). Contributions of the visual ventral pathway to long-range apparent motion. Science, 299(5605): 417~420